PREVIDÊNCIA SOCIAL

BENEFÍCIOS PREVIDENCIÁRIOS
Normas e Procedimentos

Leny Xavier de Brito e Souza — Técnica em Previdência Social com mais de 40 anos de experiência na área; Funcionária aposentada do INSS como Diretora da Divisão de Convênio com Empresas no INSS/RJ; Consultora Técnica de diversas empresas no país; Participante do GAEP — Grupo de Assessoramento à Presidência do INSS, que alterou a sistemática de Concessão e Manutenção de Benefícios; Participante do grupo de trabalho que desenvolveu o Programa PRISMA utilizado pela DATAPREV; Ex-relatora Técnica do CRPS — Conselho de Recursos da Previdência Social; Ex-orientadora sobre Direito Previdenciário Básico no TRF3/SP; Ex-perita em cálculos previdenciários da 31ª Vara da Justiça Federal do Rio de Janeiro.

Alexandre Bernabé — Consultor Técnico em Previdência Social com mais de 25 anos de experiência na área; Ex-funcionário da Dataprev; Ex-prestador de serviço da Inspetoria do Ministério da Previdência Social; Consultor Técnico de diversas empresas no país; Formador do módulo de Previdência Social do CRDD-RJ (Conselho Regional dos Despachantes Documentalistas); Palestrante, oferecendo cursos abertos e fechados ("in company") sobre Previdência Social no país inteiro; Palestrante para servidores da união, estados e municípios sobre a sua legislação previdenciária; Palestrante de empresas do programa de PPA (preparação para aposentadoria).

ALEXANDRE BERNABÉ
LENY XAVIER DE BRITO E SOUZA

PREVIDÊNCIA SOCIAL

BENEFÍCIOS PREVIDENCIÁRIOS
Normas e Procedimentos

EDITORA LTDA.
© Todos os direitos reservados

Rua Jaguaribe, 571
CEP 01224-001
São Paulo, SP – Brasil
Fone (11) 2167-1101
www.ltr.com.br

Produção Gráfica e Editoração Eletrônica: LINOTEC
Projeto de Capa: FÁBIO GIGLIO
Impressão: DIGITAL PAGE

LTr 4743.4
Novembro, 2012

Dados Internacionais de Catalogação na Publicação (CIP)
(Câmara Brasileira do Livro, SP, Brasil)

Bernabé, Alexandre
  Previdência social : benefícios previdenciários : normas e procedimentos / Alexandre Bernabé, Leny Xavier de Brito e Souza. — São Paulo : LTr, 2012.

  Bibliografia.
  ISBN 978-85-361-2362-2

  1. Previdência social — Brasil 2. Previdência social — Leis e legislação — Brasil I. Souza, Leny Xavier de Brito e. II. Título.

12-12315   CDU-34:368.415.6 (81)

Índice para catálogo sistemático:
1. Brasil : Benefícios : Normas administrativas
34.368.415.6 (81)
2. Previdência social : Direito previdenciário
34.368.415.6 (81)

Sumário

LISTA DE ABREVIATURAS	7
PREFÁCIO	9
1ª PARTE. EVOLUÇÃO HISTÓRICA DA PREVIDÊNCIA SOCIAL NO BRASIL	11
2ª PARTE. NORMAS BÁSICAS DA PREVIDÊNCIA SOCIAL	15
Da finalidade e dos princípios básicos da Previdência Social	15
Normas para aquisição dos benefícios previdenciários	15
Qualidade de segurado	15
Carência	20
Período de graça	21
3ª PARTE. CNIS – CADASTRO NACIONAL DE INFORMAÇÕES SOCIAIS	23
4ª PARTE. TIPOS DE SALÁRIOS	25
Salário de contribuição	25
Salário de benefício	25
Coeficiente dos benefícios	27
5ª PARTE. FATOR PREVIDENCIÁRIO	29
Definição	29
Fórmula	29
Exemplos de cálculos	30
6ª PARTE. SALÁRIOS CONCEDIDOS	33
13º Salário	33
Salário-Família	33
Salário-Maternidade	34
7ª PARTE. BENEFÍCIOS PROGRAMADOS	37
Aposentadoria por Idade (espécie 41)	37
Aposentadoria por Tempo de Contribuição (espécie 42)	39
Aposentadoria do Professor (espécie 57)	44
Aposentadoria Especial (espécie 46)	47
Anexo III do Decreto n. 53.831, de 25.03.1964	54
Anexo I do Decreto n. 83.080, de 24.01.1979	62

    Anexo II do Decreto n. 83.080, de 24.01.1979 69
    Anexo IV do Decreto n. 3.048, de 06.05.1999 73
    PPP – Perfil Profissiográfico Previdenciário 80
    PPP – Modelo – Anexo XV 82
    PPP – Instruções de preenchimento 84
    Formulários Anteriores ao PPP 92

8ª PARTE. BENEFÍCIOS IMPREVISÍVEIS 93
    Auxílio-Doença Previdenciário (espécie 31) 93
    Aposentadoria por Invalidez (espécie 32) 96
    Pensão por Morte Previdenciária (espécie 21) 100
    Auxílio-Reclusão (espécie 25) 103

9ª PARTE. BENEFÍCIOS ASSISTENCIAIS – LOAS 107
    Invalidez (espécie 87) e Idade (espécie 88) 107

10ª PARTE. BENEFÍCIOS ACIDENTÁRIOS 109
    Conceito 109
    Comunicação de Acidente de Trabalho – CAT 111
    Coeficientes 112
    Auxílio-Acidente 113

11ª PARTE. NTEP – NEXO TÉCNICO EPIDEMIOLÓGICO 119

12ª PARTE. FAP – FATOR ACIDENTÁRIO DE PREVENÇÃO . 129

13ª PARTE. OUTRAS REGRAS 137
    Acumulação de benefícios 137
    Atividades concomitantes 138
    Comprovação de atividade rural 140
    Justificativa Administrativa – JA 141
    Limite mínimo de idade para ingresso no RGPS 141
    Menor valor teto / maior valor teto 141
    Recursos administrativos 142
    Contagem recíproca de tempo de serviço 142
    Dispensa de carência 146

14ª PARTE. CONTAGEM E CONVERSÃO 149
    Contagem de tempo de serviço 149
    Conversão de tempo especial para comum 151

15ª PARTE. INFORMAÇÕES COMPLEMENTARES 155
    Pensão das vítimas da Talidomida (espécie 56) 155
    Benefícios da Previdência Social 157
    Finalidade da Previdência Social 159

Abreviaturas usadas na Previdência Social

AAS — Atestado de Afastamento e Salários
AIH — Atestado de Internação Hospitalar
APB — Autorização de Pagamento de Benefícios
APS — Posto de Benefícios
AX-1 — Primeiro exame de Auxílio-doença
AX-n — Exame de Auxílio-doença
CAT — Comunicação de Acidente de Trabalho
CBO — Classificação Brasileira de Ocupações
CI — Contribuinte Individual
CNIS — Cadastro Nacional de Informações Sociais
CTPS — Carteira de Trabalho e Previdência Social
CPM — Conclusão de Perícia Média
CREM — Comunicação de Resultado de Exame Médico
CRPS — Conselho de Recursos da Previdência Social
CTC — Certidão de Tempo de Contribuição
DAT — Data de Afastamento do Trabalho
DCB — Data de Cessação do Benefício
DCI — Data da Cessação da Incapacidade
DDB — Data de Deferimento do Benefício
DER — Data de Entrada do Requerimento
DIB — Data do Início do Benefício
DIC — Data do Início das Contribuições
DID — Data do Início da Doença
DII — Data do Início da Incapacidade
DN — Data do Nascimento
DO — Data do Óbito
DRE — Data de Realização do Exame
GIIL — Grau de Incidência de Incapacidade Laborativa
JA — Justificativa Administrativa
JRPS — Junta de Recursos da Previdência Social

LOAS – Lei Orgânica da Assistência Social
NIT – Número de Inscrição do Trabalhador
PPP – Perfil Profissiográfico Previdenciário
RAT – Riscos Ambientais do Trabalho
RGPS – Regime Geral de Previdência Social
RMI – Renda Mensal Inicial
RSC – Relação de Salário de Contribuição
SAT – Seguro de Acidente de Trabalho
SUB – Sistema Único de Benefícios

Prefácio

Ao oferecer ao público em geral, atuantes na área ou não, este pequeno manual de Previdência Social, é na intenção de auxiliar e esclarecer aqueles que no seu dia a dia têm necessidade de entender como funciona, na prática, essa grande e complexa máquina chamada **INSS**.

Não pretendo, nem tenho competência para tanto, ou seja, este trabalho não é um tratado de direito previdenciário. Em muitas situações é citado o instrumento legal que trata o assunto, para que o leitor, em caso de necessidade, possa pesquisar, mais detalhadamente, o que ali foi tratado.

O resultado deste trabalho não é fruto de pesquisas acadêmicas e sim o resultado de mais de vinte anos de experiência divididos entre atuar junto à Dataprev – Centro de Processamento de Dados da Previdência, na Inspetoria do Ministério da Previdência Social e como consultor técnico junto a pessoas jurídicas e físicas no intuito de ajudá-las a resolver problemas junto à Previdência Social. Atuando também como palestrante para diferentes tipos de público tais como: profissionais da área de recursos humanos, contadores, advogados, associações e sindicatos, conselhos de classe, entre outros.

O meu objetivo é colocar à disposição do leitor informações mais claras e mais objetivas sobre esse assunto que lhe interessa e que de fato é de pouco conhecimento das pessoas em geral.

Se conseguir tornar esse trabalho de extrema utilidade para quem o folheia em busca de informação ou maiores esclarecimentos, me darei por plenamente realizado.

Agradeço especialmente a Leny Xavier de Brito e Souza, minha mentora intelectual, minha professora, minha inspiração. Profissional com mais de 30 anos atuando nos postos de benefício e outros 20 como consultora técnica e palestrante, pelo tempo que trabalhamos juntos e por ter me enriquecido tanto com o seu profundo conhecimento de Previdência Social, o meu sincero "muito obrigado!"

Este meu primeiro livro técnico tem a participação mais que especial desta profissional que dedicou uma vida inteira à Previdência Social. Sem a sua ajuda e o seu conhecimento, não teria chegado onde cheguei.

1ª PARTE
Evolução histórica da Previdência Social no Brasil

A história da *Previdência Social* no Brasil pode ser dividida em doze etapas principais:

I – Criação do Montepio e do Fundo Mútuos

II – Criação de Caixas de Aposentadorias e Pensões

No decênio 1923/1933 foram criadas, por extensão da Lei Elói Chaves, 183 Caixas de Aposentadorias e Pensões para empregados de empresas portuárias, serviços de força, luz, telefone, enfim, serviços públicos em geral e os de mineração.

III – Criação de Grandes Entidades

A partir de 1933 o governo abandonou o método de criar pequenas instituições, passando a instalar entidades de âmbito nacional nas quais foram englobados trabalhadores de uma mesma atividade ou de atividades afins. Assim é que surgiram os Institutos de Aposentadorias e Pensões, na seguinte ordem cronológica:

1933   IAPM – Instituto de Aposentadoria e Pensões dos Marítimos
1934   IAPC – Instituto de Aposentadoria e Pensões dos Comerciários e
        IAPB – Instituto de Aposentadoria e Pensões dos Bancários
1938   IAPI – Instituto de Aposentadoria e Pensões dos Industriários e
        IAPETC – Instituto de Aposentadoria e Pensões dos Empregados de Transporte e Carga
1960   IAPFESP – Instituto de Aposentadoria e Pensões dos Funcionários de Empresas de Serviço Público (gás, luz, telefone etc.)

A criação dos Institutos representou um avanço, mas ficou mantida a legislação inerente a cada um deles, mantendo-se diversificados os métodos de tratamento e solução de problemas.

IV – Unificação da Legislação

Ainda que a ideia de um só organismo de previdência existisse desde 1935, nenhuma tentativa em tal sentido foi adiante.

Mais viável foi a ideia, também existente, de unificar direitos e deveres no âmbito previdenciário, por meio de uma Legislação única a ser observada por todos os Institutos que deveriam coexistir com estruturas administrativas idênticas.

A partir de 26 de agosto de 1960, a *Previdência Social* passou a contar com uma lei única, a Lei n. 3.807 (Lei Orgânica de Previdência Social), que foi regulamentada pelo Decreto n. 48.959-A, de 27.09.1960.

V – Unificação dos Institutos e Criação do INPS

A ideia da unificação dos organismos previdenciários brasileiros, depois de os Institutos estarem estruturados administrativamente dentro dos mesmos princípios, teve uma trajetória bem mais simples.

Pelo Decreto n. 72, de 21.11.1966, foi criado o *Instituto Nacional da Previdência Social* – **INPS** – que, além de unificar os Institutos, também o fez em relação aos serviços integrados comuns a todos.

Consequentemente, a Lei Orgânica (Lei n. 3.807/60) teve que ser reformulada em parte, e isso foi por meio do Decreto-Lei n. 66, de 21.11.1966.

VI – Criação do SINPAS

O SINPAS (Sistema Integrado Nacional de Previdência e Assistência Social) foi criado para integrar as atividades de previdência social, assistência social, assistência médica, gestão administrativa, financeira e patrimonial, executadas pelas entidades vinculadas ao Ministério da Previdência e Assistência Social.

Com o SINPAS foram criadas as seguintes entidades:

IAPAS	Instituto de Arrecadação da Previdência Social
INPS	Instituto Nacional de Previdência Social
INAMPS	Instituto Nacional de Assistência Médica da Previdência Social
FUNABEM	Fundação Nacional do Bem-Estar do Menor
LBA	Legião Brasileira de Assistência
CEME	Central de Medicamentos
DATAPREV	Empresa de Processamento de Dados da Previdência Social

VII – Criação do INSS – Instituto Nacional do Seguro Social

Em março de 1990 foi extinto o Ministério da Previdência e Assistência Social e em seu lugar foi criado o Ministério do Trabalho e Previdência Social e, por meio do Decreto n. 99.350, de 27.06.1990, surgiram o **INSS – Instituto Nacional do Seguro Social**) e o **IAPAS – Instituto de Administração Financeira da Previdência Social**.

VIII – Publicação das Leis ns. 8.212/91 e 8.213/91, ambas de 24.07.1991.

A Lei n. 8.212/91 dispõe sobre o Plano de Custeio da Seguridade Social.

A Lei n. 8.213/91 dispõe sobre o Plano de Benefícios da Previdência Social.

Seguidas pelos:

Decreto n. 356/91 – Regulamenta a Organização e o Custeio da Previdência Social.

Decreto n. 357/91 – Regulamenta os Benefícios da Previdência Social.

Decreto n. 611/92 – Altera o Decreto n. 357/91.

Decreto n. 612/92 – Altera o Decreto n. 356/91.

Lei n. 8.870/94 – Altera as Leis ns. 8.212/91 e 8.213/91 e extingue o *"pecúlio"*.

IX – Início da Reforma da Previdência

É publicada a Lei 9.032, de 28.04.1995, início do movimento de reforma da Previdência Brasileira, alterando diversas normas constantes de leis anteriores principalmente das Leis ns. 8.212 e 8.213/91.

As principais alterações da Lei n. 9.032/95 são: o aposentado passa a ser obrigado a contribuir, não é mais permitida a Aposentadoria Especial por **profissão**, ao exigir a comprovação da exposição a agentes agressivos, termina com diversos benefícios do rol dos benefícios concedidos pela Previdência e além disso manda que o INSS faça revisão em todos os benefícios concedidos com contagem de tempo de atividade rural dado o enorme quantitativo de benefícios fraudulentos.

Mas, o objetivo desse movimento era se efetuarem alterações profundas em toda a previdência, principalmente no segmento "servidor público". Portanto, naquele mesmo ano, foi encaminhada ao Congresso Nacional uma proposta de reforma geral da Previdência Social.

X – Publicação da Emenda Constitucional n. 20

Após 3 anos de discussões acirradas, em 15 de dezembro de 1998 foi publicada a Emenda Constitucional n. 20.

Mudou a forma e o conceito quanto ao tratamento dado aos benefícios da Previdência Social, findando com o "tempo de serviço", tornando obrigatório o "caráter contributivo" para a concessão dos benefícios. Alterou-se o nome da Aposentadoria por Tempo de Serviço para Tempo de Contribuição e também alterou o tempo mínimo de contribuição da Aposentadoria por Idade, antiga Aposentadoria por Velhice.

Passa a ser obrigatório o uso do CNIS (Cadastro Nacional de Informações Sociais) na concessão dos benefícios previdenciários.

XI – É criado o "Fator Previdenciário"

Em 29 de novembro de 1999 foi publicada a a Lei n. 9.876, alterando a forma de cálculo dos benefícios, exigindo que todas as contribuições efetuadas com a nova moeda nacional, o **"Real"**, (desde julho de 1994) fossem computadas no levantamento do Salário de Benefício.

Esta Lei também criou o **"Fator Previdenciário"** em que o valor do benefício passou a variar de acordo com a expectativa de sobrevida do segurado.

Os contribuintes "avulsos" (autônomos, empregadores, domésticas etc.) passam a poder contribuir entre o salário mínimo e o teto máximo previdenciários, inclusive podendo gerar tal recolhimento por meio do seu número de PIS ou PASEP sem a necessidade de gerar um novo NIT para tal finalidade.

XII – Servidores Públicos

Em 31 de dezembro de 2003 foi aprovada pelo Congresso Nacional a Emenda Constitucional n. 41 que modificou a aposentadoria dos servidores públicos, estipulando teto máximo para a aposentadoria, instituindo limite mínimo de idade e obrigando a aplicação para o cálculo da aposentadoria, a média aritmética simples dos seus proventos desde a criação do "Real" (julho de 1994).

Em 16 de fevereiro de 2004 saiu a Medida Provisória 167, sendo logo a seguir transformada na Lei n. 10.887 de 18.06.2004, aplicando um redutor de 3,5% ou 5% (*pedágio*) sobre os proventos de servidores que optassem por aposentar-se antecipadamente.

Portanto, gradativamente, a Previdência vai-se adequando aos preceitos do artigo 201 da nossa Constituição Federal:

> "*Art. 201 A previdência social será organizada sob forma de regime geral, de caráter contributivo e de filiação obrigatória, observados critérios que preservem o equilíbrio financeiro e atuarial, e atenderá, nos termos da lei, a:*
>
> *I – cobertura dos eventos de doença, invalidez, morte e idade avançada;*
>
> *II – proteção à maternidade, especialmente à gestante;*
>
> *III- proteção ao trabalhador em situação de desemprego involuntário;*
>
> *IV – salário-família e auxílio-reclusão para os dependentes dos segurados de baixa renda;*
>
> *V – pensão por morte do segurado, homem ou mulher, ao cônjuge ou companheiro e dependentes, observado o disposto no § 2º.*"

2ª PARTE
Normas básicas da Previdência Social

DA FINALIDADE E DOS PRINCÍPIOS BÁSICOS DA PREVIDÊNCIA SOCIAL

Os artigos 1º e 2º da Lei n. 8.213 de 24.07.1991, definem exatamente qual a nova proposta da Previdência Social:

Lei n. 8.213/91
Art. 1º A Previdência Social, mediante contribuição, tem por fim assegurar aos seus beneficiários meios indispensáveis de manutenção, por motivo de incapacidade, desemprego involuntário, idade avançada, tempo de serviço, encargos familiares e prisão ou morte daqueles de quem dependiam economicamente.

Art. 2º A Previdência Social rege-se pelos seguintes princípios e objetivos:

I – universalidade de participação nos planos previdenciários;

II – uniformidade e equivalência dos benefícios e serviços às populações urbanas e rurais;

III – seletividade e distributividade na prestação dos benefícios;

IV – cálculo dos benefícios considerando-se os salários-de-contribuição corrigidos monetariamente;

V – irredutibilidade do valor dos benefícios de forma a preservar-lhes o poder aquisitivo;

VI – valor da renda mensal dos benefícios substitutos do salário-de-contribuição ou do rendimento do trabalho do segurado não inferior ao do salário mínimo;

VII – previdência complementar facultativa, custeada por contribuição adicional;

NORMAS PARA AQUISIÇÃO DOS BENEFÍCIOS PREVIDENCIÁRIOS

"QUALIDADE DE SEGURADO"

Não basta trabalhar, é necessário que se contribua para o sistema previdenciário coberto pelo Regime Geral de Previdência Social (RGPS), isso porque existem outros regimes previdenciários no país como os Regimes Previdenciários dos Estados, dos Municípios, o Regime próprio dos Servidores da União ou o Regime dos Militares.

Pode-se contribuir para o RGPS administrado pelo INSS sob diversas modalidades. Veja abaixo sob qual modalidade você se enquadra:

Empregado – Aquele que presta serviço de natureza permanente à empresa urbana ou rural, com carteira profissional (CTPS – Carteira de Trabalho da Previdência Social) assinada. A assinatura da CTPS é que caracteriza sua vinculação com a Previdência Social. Não havendo contrato de trabalho não há contribuição e, portanto, não há tempo de contribuição a ser computado.

Lei n. 8.213, de 24.07.1991

....

Art. 11

....

a) aquele que presta serviço de natureza urbana ou rural a empresa, em caráter não eventual, sob sua subordinação e mediante remuneração, inclusive como diretor empregado;

b) aquele que, contratado por empresa de trabalho temporário, por prazo não superior a três meses, prorrogável, presta serviço para atender a necessidade transitória de substituição de pessoal regular e permanente ou a acréscimo extraordinário de serviço de outras empresas, na forma da legislação própria;

c) o brasileiro ou o estrangeiro domiciliado e contratado no Brasil para trabalhar como empregado no exterior, em sucursal ou agência de empresa constituída sob as leis brasileiras e que tenha sede e administração no País;

d) o brasileiro ou o estrangeiro domiciliado e contratado no Brasil para trabalhar como empregado em empresa domiciliada no exterior com maioria do capital votante pertencente a empresa constituída sob as leis brasileiras, que tenha sede e administração no País e cujo controle efetivo esteja em caráter permanente sob a titularidade direta ou indireta de pessoas físicas domiciliadas e residentes no País ou de entidade de direito público interno;

e) aquele que presta serviço no Brasil a missão diplomática ou a repartição consular de carreira estrangeira e a órgãos a elas subordinados, ou a membros dessas missões e repartições, excluídos o não-brasileiro sem residência permanente no Brasil e o brasileiro amparado pela legislação previdenciária do país da respectiva missão diplomática ou repartição consular;

f) o brasileiro civil que trabalha para a União no exterior, em organismos oficiais internacionais dos quais o Brasil seja membro efetivo, ainda que lá domiciliado e contratado, salvo se amparado por regime próprio de previdência social;

g) o brasileiro civil que presta serviços à União no exterior, em repartições governamentais brasileiras, lá domiciliado e contratado, inclusive o auxiliar local de que trata a <u>Lei n. 8.745, de 9 de dezembro de 1993</u>, este desde que, em razão de proibição legal, não possa filiar-se ao sistema previdenciário local;

h) o bolsista e o estagiário que prestam serviços a empresa, em desacordo com a <u>Lei n. 6.494, de 7 de dezembro de 1977</u>;

i) o servidor da União, Estado, Distrito Federal ou Município, incluídas suas autarquias e fundações, ocupante, exclusivamente, de cargo em comissão declarado em lei de livre nomeação e exoneração;

j) *o servidor do Estado, Distrito Federal ou Município, bem como o das respectivas autarquias e fundações, ocupante de cargo efetivo, desde que, nessa qualidade, não esteja amparado por regime próprio de previdência social;*

l) *o servidor contratado pela União, Estado, Distrito Federal ou Município, bem como pelas respectivas autarquias e fundações, por tempo determinado, para atender a necessidade temporária de excepcional interesse público, nos termos do inciso IX do art. 37 da Constituição Federal;*

m) *o servidor da União, Estado, Distrito Federal ou Município, incluídas suas autarquias e fundações, ocupante de emprego público;*

n) *o escrevente e o auxiliar contratados por titular de serviços notariais e de registro a partir de 21 de novembro de 1994, bem como aquele que optou pelo Regime Geral de Previdência Social, em conformidade com a* <u>Lei n. 8.935, de 18 de novembro de 1994</u>; *e*

o) *o exercente de mandato eletivo federal, estadual, distrital ou municipal, nos termos da* <u>Lei n. 9.506, de 30 de outubro de 1997</u>, *desde que não amparado por regime próprio de previdência social;*

p) *o empregado de organismo oficial internacional ou estrangeiro em funcionamento no Brasil, salvo quando coberto por regime próprio de previdência social; (Alínea acrescentada pelo* <u>Decreto n. 3.265, de 29/11/99</u>)

Empresário – Titular de firma individual, urbana ou rural, o diretor não empregado e o sócio que receba remuneração.

a) a pessoa física, proprietária ou não, que explora atividade agropecuária ou pesqueira, em caráter permanente ou temporário, diretamente ou por intermédio de prepostos e com auxílio de empregados, utilizados a qualquer título, ainda que de forma não contínua;

b) a pessoa física, proprietária ou não, que explora atividade de extração mineral – garimpo –, em caráter permanente ou temporário, diretamente ou por intermédio de prepostos, com ou sem o auxílio de empregados, utilizados a qualquer título, ainda que de forma não contínua;

c) o ministro de confissão religiosa e o membro de instituto de vida consagrada, de congregação ou de ordem religiosa;

d) o brasileiro civil que trabalha no exterior para organismo oficial internacional do qual o Brasil é membro efetivo, ainda que lá domiciliado e contratado, salvo quando coberto por regime próprio de previdência social;

e) o titular de firma individual urbana ou rural;

f) o diretor não empregado e o membro de conselho de administração na sociedade anônima;

g) todos os sócios, nas sociedades em nome coletivo e de capital e indústria;

h) o sócio gerente e o sócio cotista que recebam remuneração decorrente de seu trabalho e o administrador não empregado na sociedade por cotas de responsabilidade limitada, urbana ou rural;

IMPORTANTE:

1) Considera-se *diretor empregado* aquele que, participando ou não do risco econômico do empreendimento, seja contratado ou promovido para cargo de direção das sociedades anônimas, mantendo as características inerentes à relação de emprego.

2) Considera-se *diretor não empregado* aquele que, participando ou não do risco econômico do empreendimento, seja eleito, por assembleia geral dos acionistas, para cargo de direção das sociedades anônimas, não mantendo as características inerentes à relação de emprego.

3) Entende-se por serviço prestado em caráter não eventual aquele relacionado direta ou indiretamente com as atividades normais da empresa.

i) o associado eleito para cargo de direção em cooperativa, associação ou entidade de qualquer natureza ou finalidade, bem como o síndico ou administrador eleito para exercer atividade de direção condominial, desde que recebam remuneração;

j) quem presta serviço de natureza urbana ou rural, em caráter eventual, a uma ou mais empresas, sem relação de emprego;

l) a pessoa física que exerce, por conta própria, atividade econômica de natureza urbana, com fins lucrativos ou não;

m) o aposentado de qualquer regime previdenciário nomeado magistrado classista temporário da Justiça do Trabalho, na forma dos incisos II do §1º do art. 111 ou III do art. 115 ou do parágrafo único do art. 116 da <u>Constituição Federal</u>, ou nomeado magistrado da Justiça Eleitoral, na forma dos incisos II do art. 119 ou III do §1º do art. 120 da <u>Constituição Federal</u>;

n) o cooperado de cooperativa de produção que, nesta condição, presta serviço à sociedade cooperativa mediante remuneração ajustada ao trabalho executado;

o) o segurado recolhido à prisão sob regime fechado ou semiaberto, que, nesta condição, preste serviço, dentro ou fora da unidade penal, a uma ou mais empresas, com ou sem intermediação da organização carcerária ou entidade afim, ou que exerce atividade artesanal por conta própria;

<u>*Autônomo*</u> (<u>*Contribuinte Individual*</u>) – Quem presta serviço de natureza urbana ou rural, em caráter eventual, a uma ou mais empresas, sem vínculo empregatício. Isto é, pessoa física que exerce por conta própria atividade econômica.

<u>*Equiparado a Autônomo*</u> (<u>*Contribuinte Individual*</u>) – A pessoa física que explora atividade rural, em caráter permanente ou temporário, diretamente ou com empregados, o religioso, o empregado de organismo estrangeiro em funcionamento no país e sem sistema próprio de previdência, o brasileiro civil que trabalha no exterior para o organismo oficial internacional do qual o Brasil é membro efetivo.

<u>*Doméstico*</u> – Quem presta serviços de natureza contínua à pessoa ou família, em residência, em atividade sem fins lucrativos.

Avulso – Aquele que, sindicalizado ou não, presta serviço de natureza urbana ou rural, a diversas empresas, sem vínculo empregatício, com a intermediação obrigatória do órgão gestor de mão de obra, nos termos da Lei n. 8.630, de 25 de fevereiro de 1993, ou do sindicato da categoria, assim considerados:

a) *o trabalhador que exerce atividade portuária de capatazia, estiva, conferência e conserto de carga, vigilância de embarcação e bloco;*

b) *o trabalhador de estiva de mercadorias de qualquer natureza, inclusive carvão e minério;*

c) *o trabalhador em alvarenga (embarcação para carga e descarga de navios);*

d) *o amarrador de embarcação;*

e) *o ensacador de café, cacau, sal e similares;*

f) *o trabalhador na indústria de extração de sal;*

g) *o carregador de bagagem em porto;*

h) *o prático de barra em porto;*

i) *o guindasteiro; e*

j) *o classificador, o movimentador e o empacotador de mercadorias em portos;*

Entende-se por:

I – *capatazia – a atividade de movimentação de mercadorias nas instalações de uso público, compreendendo o recebimento, conferência, transporte interno, abertura de volumes para conferência aduaneira, manipulação, arrumação e entrega, bem como o carregamento e descarga de embarcações, quando efetuados por aparelhamento portuário;*

II – *estiva – a atividade de movimentação de mercadorias nos conveses ou nos porões das embarcações principais ou auxiliares, incluindo transbordo, arrumação, peação e despeação, bem como o carregamento e a descarga das mesmas, quando realizados com equipamentos de bordo;*

III – *conferência de carga – a contagem de volumes, anotação de suas características, procedência ou destino, verificação do estado das mercadorias, assistência à pesagem, conferência do manifesto e demais serviços correlatos, nas operações de carregamento e descarga de embarcações;*

IV – *conserto de carga – o reparo e a restauração das embalagens de mercadoria, nas operações de carregamento e descarga de embarcações, reembalagem, marcação, remarcação, carimbagem, etiquetagem, abertura de volumes para vistoria e posterior recomposição; vigilância de embarcações – a atividade de fiscalização da entrada e saída de pessoas a bordo das embarcações atracadas ou fundeadas ao largo, bem como da movimentação de mercadorias nos portalós, rampas, porões, conveses, plataformas e em outros locais da embarcação; e bloco – a atividade de limpeza e conservação de embarcações mercantes e de seus tanques, incluindo batimento de ferrugem, pintura, reparo de pequena monta e serviços correlatos.*

Segurado Especial (o antigo rural) – É considerado segurado especial o produtor, o parceiro, o meeiro e o arrendatário rurais, o pescador artesanal e seus assemelhados, que exerçam suas atividades individualmente ou em regime de economia familiar, com ou sem auxílio eventual de terceiros, bem como seus respectivos cônjuges ou companheiros e filhos maiores de 16 anos de idade ou a eles equiparados, desde que trabalhem comprovadamente com o grupo familiar respectivo.

Facultativo (Contribuinte Individual) – Qualquer pessoa, a partir dos 16 anos, que queira filiar-se mediante contribuição, à Previdência Social, mesmo sem exercer qualquer atividade lucrativa (estudante, dona-de-casa, desempregado etc.).

"CARÊNCIA"

Para se conseguir a maioria dos benefícios previdenciários, é exigido do segurado um período mínimo de contribuição. Esse período mínimo de contribuição denomina-se CARÊNCIA (Lei n. 8.213/91, art. 24). Antes desse prazo mínimo, o contribuinte não terá adquirido o direito de requerer alguns benefícios. Só depois que completar a carência o segurado terá garantido o direito ao benefício pretendido. A carência diferencia-se conforme o tipo do benefício:

PENSÃO POR MORTE:

12 (doze) contribuições por parte do segurado em vida, sem intervalos que acarretem a perda da qualidade. Se o segurado houver perdido a qualidade antes de falecer, a pensão não será concedida. O art. 26 da Lei n. 8.213/91 informa que este benefício independe de *carência*, mas só por parte do candidato à pensão. O pensionista não necessita ter contribuído. Quanto ao direito ao recebimento do benefício, no art. 102 da mesma lei, temos:

Lei n. 8.213, de 24.07.1991

....

Art. 102. A perda da qualidade de segurado importa em caducidade dos direitos inerentes a essa qualidade. (Redação dada pela Lei n. 9.528, de 10.12.97)

§ 1º A perda da qualidade de segurado não prejudica o direito à aposentadoria para cuja concessão tenham sido preenchidos todos os requisitos, segundo a legislação em vigor à época em que estes requisitos foram atendidos. (Parágrafo acrescentado pela Lei n. 9.528, de 10.12.97)

E ATENÇÃO, MUITO IMPORTANTE:

§ 2º Não será concedida pensão por morte aos dependentes do segurado que falecer após a perda desta qualidade, nos termos do art. 15 desta lei, salvo se preenchidos os requisitos para obtenção da aposentadoria na forma do parágrafo anterior. (Parágrafo acrescentado pela Lei n. 9.528, de 10.12.97)

AUXÍLIO-DOENÇA E APOSENTADORIA POR INVALIDEZ

12 (doze) contribuições são o suficiente, por tratar-se de evento imprevisível e, portanto, não ser possível uma programação prévia do segurado.

ACIDENTE DE TRABALHO OU DOENÇA PROFISSIONAL

Não exigem qualquer carência por tratar-se de benefício previamente custeado pela empresa empregadora do acidentado.

APOSENTADORIA POR: TEMPO DE CONTRIBUIÇÃO, IDADE, ESPECIAL E DO PROFESSOR

Para o segurado inscrito até 24.07.1991 (Lei n. 8.213/91), a carência obedecerá à tabela específica, levando-se em conta o ano em que o segurado implementou as condições necessárias para a concessão do benefício (alterada pela Lei n. 9.032, de 28.04.1995).

Para quem iniciou suas contribuições após 24.07.1991, a carência será de 180 contribuições.

"PERÍODO DE GRAÇA"

"Período de graça" é o período que o contribuinte, cumprido o prazo mínimo de carência, pode ficar sem contribuir e mesmo assim ainda conservar o direito aos benefícios previdenciários. Veja dentro das normas, em que situações você pode fazer uso do "período de graca":

Lei n. 8.213/91

....

Art. 15. Mantém a qualidade de segurado, independentemente de contribuições:

I – sem limite de prazo, quem está em gozo de benefício;

II – até 12 (doze) meses após a cessação das contribuições, o segurado que deixar de exercer atividade remunerada abrangida pela Previdência Social ou estiver suspenso ou licenciado sem remuneração;

III – até 12 (doze) meses após cessar a segregação, o segurado acometido de doença de segregação compulsória;

IV – até 12 (doze) meses após o livramento, o segurado retido ou recluso;

V – até 3 (três) meses após o licenciamento, o segurado incorporado às Forças Armadas para prestar serviço militar;

VI – até 6 (seis) meses após a cessação das contribuições, o segurado facultativo.

§ 1º O prazo do <u>inciso II</u> será prorrogado para até 24 (vinte e quatro) meses se o segurado já tiver pago mais de 120 (cento e vinte) contribuições mensais sem interrupção que acarrete a perda da qualidade de segurado.

§ 2º Os prazos do <u>inciso II</u> ou do <u>§ 1º</u> serão acrescidos de 12 (doze) meses para o segurado desempregado, desde que comprovada essa situação pelo registro no órgão próprio do Ministério do Trabalho e da Previdência Social.

§ 3º Durante os prazos deste artigo, o segurado conserva todos os seus direitos perante a Previdência Social.

§ 4º A perda da qualidade de segurado ocorrerá no dia seguinte ao do término do prazo fixado no Plano de Custeio da Seguridade Social para recolhimento da contribuição referente ao mês imediatamente posterior ao do final dos prazos fixados neste artigo e seus parágrafos.

Lei n. 10.666, de 08.05.2003

....

Art. 3º – A perda da qualidade de segurado não será considerada para a concessão das aposentadorias por tempo de contribuição e especial.

§ 1º Na hipótese de aposentadoria por idade, a perda da qualidade de segurado não será considerada para a concessão desse benefício, desde que o segurado conte com, no mínimo, o tempo de contribuição correspondente ao exigido para efeito de carência na data do requerimento do benefício.

§ 2º A concessão do benefício de aposentadoria por idade, nos termos do § 1º, observará, para os fins de cálculo do valor do benefício, o disposto no art. 3º, caput e § 2º, da Lei n. 9.876, de 26 de novembro de 1999, ou, não havendo salários de contribuição recolhidos no período, a partir da competência julho de 1994, o disposto no art. 35 da Lei n. 8.213, de 24 de julho de 1991.

3ª PARTE
CNIS
Cadastro Nacional de Informações Sociais

O Cadastro Nacional de Informações Sociais – CNIS, é a ferramenta utilizada pela Previdência Social para a concessão dos benefícios previdenciários. È a base de dados que contém todas as informações de vínculos e contribuições dos segurados da Previdência Social.

A partir da Emenda Constitucional n. 20 de 15.12.1998 passou a ser obrigatório o uso dessa base de dados para a confrontação com os documentos originais apresentados pelos segurados na solicitação dos benefícios.

Nasceu de um convênio firmado entre o Ministério do Trabalho, Ministério da Fazenda (Receita Federal) e Ministério da Previdência e Assistência Social (Dataprev – Centro de Processamento de Dados da Previdência Social), que recolheu e recolhe as informações da rede bancária nacional e da Caixa Econômica Federal, dos vínculos empregatícios e dos recolhimentos feitos dos empregados e avulsos para a montagem e manutenção da base de dados.

Para fins de concessão, o CNIS é dividido em três partes: cadastro, vínculos e remunerações.

Cadastro – Contém as informações cadastrais do segurado, número do NIT (Número de Inscrição do Trabalhador), que pode ser o número do PIS, PASEP ou inscrições avulsas (carnê), data do cadastramento e dados pessoais do segurado. É aconselhável que se mantenha o mais atualizado possível.

Vínculos – Contém as informações de vínculos trabalhistas e/ou contribuições avulsas.

– Se for *empregado*, aparecem o CNPJ da empresa contratante, a Razão Social, data da admissão, data da demissão, tipo de vínculo (CLT – regime celetista, TEMP – regime de contrato temporário e EST – regime estatutário) e o código do CBO (Cadastro Brasileiro de Ocupações). Normalmente, os vínculos que constam do CNIS são os contratos firmados entre 1974 e 1976. Os vínculos anteriores não aparecem no CNIS (com raríssimas exceções podem aparecer vínculos anteriores).

- Se for *avulso* (contribuinte individual), aparece o código CI (Contribuinte Individual), o número do NIT utilizado para o recolhimento, a competência inicial e a competência final. Só aparecem no CNIS as contribuições efetuadas a partir de *Janeiro de 1985*. Contribuições anteriores serão devidamente aceitas mediante carnês originais.

Remuneração – Contém as informações dos salários de contribuição, ano a ano, mês a mês, desde julho de 1994 até o mês atual.

O segurado (trabalhador empregado ou avulso) tem acesso ao extrato do CNIS para verificações periódicas e acertos caso exista discordância das informações. O mesmo poderá ser solicitado em qualquer APS (Postos de Benefícios da Previdência Social) ou agências da Receita Federal pelo próprio ou por um procurador indicado pelo titular por meio de formulário próprio fornecido pelos órgãos e também disponível nos sítios: www.mpas.gov.br (sítio da Previdência Social) ou www.receita.fazenda.gov.br (sítio da Receita Federal). Caso queira consultar por meio dos sítios, o segurado deverá cadastrar uma senha de consulta para ter acesso. O cadastro da senha só poderá ser efetuado pelo titular, sendo que esse serviço deverá ser agendado pelo telefone 135 ou pelo sítio da Previdência Social.

No caso de existirem divergências entre o CNIS e a vida "contributiva" do segurado, os ajustes podem e devem ser feitos para evitar problemas no momento de se solicitar os benefícios da Previdência Social. Você pode solicitar a atualização dos dados cadastrais (*cadastro*), acerto de vínculos trabalhistas, nos casos em que as datas de admissão e demissão estejam divergentes e nos casos em que o vínculo não apareça no CNIS (*vínculos*), ou acerto dos salários de contribuição, para os casos de divergência entre os olerites ou guias de contribuição, ou para salários que não apareçam no CNIS (*remuneração*). Todos os acertos deverão ser agendados e os acertos serão feitos mediante a apresentação da documentação original.

4ª Parte
Tipos de salários

SALÁRIO DE CONTRIBUIÇÃO é o valor da contribuição mensal feita a Previdência Social. O valor do salário de contribuição não pode exceder o valor do "teto máximo" mensal instituído e nem ser menor do que o valor do "salário mínimo" vigente.

As alíquotas de contribuição variam de acordo com a categoria.

Empregado: 8%, 9% ou 11%, de acordo com a faixa salarial. Além do salário base, é somado o salário-família, horas extras, adicional noturno, adicionais de insalubridade ou periculosidade e comissões.

Autônomo ou Equiparado a Autônomo (Contribuinte Individual): 20%.

Empresário: Sócio Gerente – 11% e sócio quotista – 20%.

Doméstica: 8% (o empregador recolhe 12%).

Facultativo: 11% e 5% (este último, se estiver inscrito no CadÚnico – Cadastro Único de Programas Sociais do Governo).

A partir desta base de dados, dos salários de contribuição dos segurados do INSS, na solicitação de qualquer benefício da Previdência Social, a partir dessas informações, será calculado o *Salário de Benefício*, que varia para cada benefício.

SALÁRIO DE BENEFÍCIO é a média de todas as contribuições do segurado, utilizada pela Previdência Social para conceder praticamente todos os benefícios de prestação continuada de sua responsabilidade.

Tal salário já se apoiou em apenas 12 contribuições sem correção para conceder benefícios imprevisíveis como acidentes, auxílios-doença, invalidez e pensões.

Também já se apoiou em 36 contribuições corrigidas para a concessão de benefícios programáveis, tais como: aposentadoria por tempo, do professor, especial e por idade.

Atualmente, a lei fixou que para se calcular a média aritmética simples utilizada para o cálculo da grande maioria dos benefícios da Previdência Social são levados em conta 80% (oitenta por cento) dos maiores salários de contribuição desde a implantação da moeda *Real* (julho de 1994) até a data de entrada do requerimento do benefício.

A legislação é muito clara sobre o assunto

Dec n. 3.048, de 06.05.1999

....

Art. 31. *Salário de benefício é o valor básico utilizado para cálculo da renda mensal dos benefícios de prestação continuada, inclusive os regidos por normas especiais, exceto o salário-família, a pensão por morte, o salário-maternidade e os demais benefícios de legislação especial.*

A razão da inclusão da pensão por morte nesse elenco se deve ao fato de que nem sempre a "pensão por morte" tem o valor calculado diretamente, ela também é baseada na aposentadoria do segurado falecido. Se o segurado faleceu já aposentado a pensão será igual ao valor da aposentadoria, se o segurado faleceu em atividade é calculado o valor de uma aposentadoria por invalidez, por ser a mais vantajosa e esse será o valor da "pensão por morte".

....

Art. 32. O salário de benefício consiste: (Redação dada pelo <u>Decreto n. 3.265, de 29.11.1999</u>, com inclusão de incisos)

I – para as aposentadorias por idade e por tempo de contribuição, na média aritmética simples dos maiores salários-de-contribuição correspondentes a oitenta por cento de todo o período contributivo, multiplicada pelo fator previdenciário;

II – para as aposentadorias por invalidez e especial, auxílio-doença e auxílio-acidente na média aritmética simples dos maiores salários de contribuição correspondentes a oitenta por cento de todo o período contributivo; (Nova redação pelo <u>Decreto n. 5.545, de 22.9.2005</u> – DOU DE 23.9.2005)

§ 3º O valor do salário de benefício não será inferior ao de um salário mínimo, nem superior ao limite máximo do salário de contribuição na data de início do benefício.

§ 4º Serão considerados para cálculo do salário de benefício os ganhos habituais do segurado empregado, a qualquer título, sob forma de moeda corrente ou de utilidades, sobre os quais tenha incidido contribuição previdenciária.

§ 5º Não será considerado, no cálculo do salário de benefício, o aumento dos salários-de-contribuição que exceder o limite legal, inclusive o voluntariamente concedido nos trinta e seis meses imediatamente anteriores ao início do benefício, salvo se homologado pela Justiça do Trabalho, resultante de promoção regulada por normas gerais da empresa, admitida pela legislação do trabalho, de sentença normativa ou de reajustamento salarial obtido pela categoria respectiva.

§ 6º Se, no período básico de cálculo, o segurado tiver recebido benefício por incapacidade, considerar-se-á como salário de contribuição, no período, o salário de benefício que serviu de base para o cálculo da renda mensal, reajustado nas mesmas épocas e nas mesmas bases dos benefícios em geral, não podendo ser inferior ao salário mínimo nem superior ao limite máximo do salário de contribuição.

....

§ 8º Para fins de apuração do salário de benefício de qualquer aposentadoria precedida de auxílio-acidente, o valor mensal deste será somado ao salário de contribuição antes da aplicação da correção a que se refere o <u>art. 33</u>, não podendo o total apurado ser superior ao limite máximo do salário de contribuição.

Se o segurado trabalha e recebe auxilio-acidente, no momento de se calcular seu salário de benefício deve-se somar ao valor do salário de contribuição o valor do auxílio acidente. Se a soma resultar maior que o teto máximo, utilizar somente o teto. Se o segurado já contribui sobre o teto máximo, o valor do auxílio-acidente não será aproveitado.

....

§ 10. *Para os segurados contribuinte individual e facultativo optantes pelo recolhimento trimestral na forma prevista no § 15 do art. 216, que tenham solicitado qualquer benefício previdenciário, o salário de benefício consistirá na média aritmética simples de todos os salários de contribuição integrantes da contribuição trimestral, desde que efetivamente recolhidos. (Redação dada pelo Decreto n. 3.265, de 29/11/1999).*

COEFICIENTE DOS BENEFÍCIOS

A partir do cálculo da média aritmética simples encontra-se o valor de cada benefício, de acordo com o coeficiente aplicado a cada um, descrito abaixo:

Benefícios Imprevisíveis:

Auxílio-Doença (B-31)	Média x 91%
Aposentadoria por Invalidez (B-32)	Média x 100%
Pensão por Morte (B-21)	Média x 100%
Auxílio-Reclusão (B-25)	Média x 100%

Benefícios Acidentários:

Acidente de Trabalho (B-91)	Média x 91%
Apos. por Invalidez Acidentária (B-92)	Média x 100%
Pensão por Morte Acidentária (B-93)	Média x 100%
Auxílio-Acidente (B-95)	Média x 50%

Benefícios Programados:

Aposentadoria Especial (B-46)	Média x 100%
Aposentadoria por Idade (B-41)	Média x 70% + 1% para cada ano de contribuição
Aposentadoria do Professor (B-57)	Média x Fator Previdenciário
Aposentadoria por Tempo de Contribuição (B-42)*	Média x Fator Previdenciário

* Para a Aposentadoria por Tempo de Contribuição, além do Fator Previdenciário, ainda aplicamos o coeficiente da PROPORCIONAL, quando for o caso.

HOMEM	MULHER	COEFICIENTE
34 anos	29 anos	90%
33 anos	28 anos	85%
32 anos	27 anos	80%
31 anos	26 anos	75%
30 anos	25 anos	70%

5ª PARTE
Fator Previdenciário

DEFINIÇÃO

O "Fator Previdenciário" foi um instrumento criado pela Previdência Social com o objetivo de gerar um equilíbrio e uma certa justiça na concessão dos benefícios de "Aposentadoria por Tempo de Contribuição" e "Aposentadoria do Professor", além de incentivar a permanência do segurado por mais tempo em atividade, já que se leva em conta no ato da solicitação das aposentadorias, a *idade*, o *tempo de contribuição* e a *expectativa de sobrevida* do segurado.

A *expectativa de sobrevida* do segurado será obtida sempre a partir da *tábua completa de mortalidade* fornecida e atualizada anualmente pelo IBGE – Instituto Brasileiro de Geografia e Estatística, considerando-se a média nacional única para ambos os sexos.

Este índice pode reduzir ou aumentar a média aritmética simples dependendo dos valores apresentados.

FÓRMULA

Veja a fórmula usada para se encontrar o *FATOR PREVIDENCIÁRIO*:

$$F = \frac{TC \times a}{ES} \times \left[1 + \left(\frac{ID + TC \times a}{100} \right) \right]$$

Sendo:

F = Fator Previdenciário
TC = Tempo de Contribuição
ID = Idade
ES = Espectativa de Sobrevida
a = aliquota de 0,31 (valor fixo)

Conclusão:

Quanto *maior* a idade e o tempo de contribuição e consequentemente *menor* a expectativa de sobrevida, *maior* o *fator previdenciário*.

Quanto *menor* a idade e o tempo de contribuição e consequentemente *maior* a expectativa de sobrevida, *menor* o *fator previdenciário*.

IMPORTANTE:

Para que não haja distorções matemáticas no uso do "fator previdenciário", serão adicionados os seguintes valores nas seguintes situações:

1ª – 5 (cinco) **anos** de acréscimo na **idade** e no **tempo de contribuição** para as mulheres.

2ª – 5 (cinco) **anos** de acréscimo na **idade** e no **tempo de contribuição** para os **professores** (homens).

3ª – 10 (dez) **anos** de acréscimo na **idade** e no **tempo de contribuição** para as **professoras** (mulheres).

EXEMPLOS DE CÁLCULOS

Para exemplificar bem o que a criação do fator previdenciário quis atingir como meta, faremos aqui um exemplo bem claro para mostrar o que efetivamente mudou. Criaremos o **Severino** e o **João**, segurados fictícios e para que todos os resultados apresentados mostrem a verdadeira intenção da Previdência Social, fixaremos a média aritmética simples para ambos, tanto antes da criação do fator previdenciário quanto após a criação do mesmo, em **R$ 2.000,00 (média)**. Os outros dados é que vão variar.

Severino:

ID (idade) = 51 anos

TC (tempo de contribuição) = 35 anos

ES (expectativa de sobrevida) = 28,2 anos

João:

ID (idade) = 63 anos

TC (tempo de contribuição) = 39 anos

ES (expectativa de sobrevida) = 19,1 anos

Nos dois casos acima, até a criação do fator previdenciário, ambos levariam para casa o salário de benefício de R$ 2.000,00 já que a média encontrada foi de R$ 2.000,00 e em ambos os casos, têm direito à posentadoria integral (100% da média).

Para concluir o raciocínio, veja que independentemente da idade e do tempo de contribuição, ambos teriam direito ao **mesmo salário de benefício para o resto da vida**. Se imaginarmos que o IBGE está correto, o **Severino** levaria uma enorme vantagem financeira sobre o **João**. Se multiplicarmos os mesmos salários pela expectativa de vida de ambos, o **Severino** ganharia ao longo de **28,2** anos o equivalente a **R$ 733.200,00** aproximadamente, enquanto que o **João** só ganharia ao longo de 19,1 anos o montante aproximado de **R$ 496.600,00**.

Com a criação do **fator previdenciário**, a Previdência Social procurou diminuir ao máximo essa distorção, essa desigualdade.

Com a nova regra, veja como ficaria o cálculo dos novos salários de benefício:

– *Severino:*

$$F = \frac{35 \times 0{,}31}{28{,}2} \times \left[1 + \left(\frac{51 + 35 \times 0{,}31}{100} \right) \right]$$

$F = 0{,}3848 \times 1{,}6185$

$F = 0{,}6228$

Salário de Benefício = R$ 2.000,00 (média) x 0,6228 (fator previdenciário)

Salário de Benefício = R$ 1.245,60

Ao longo da expectativa de sobrevida = R$ 1.245,60 x 28,2 anos = **R$ 456.636,96**.

– *João:*

$$F = \frac{39 \times 0{,}31}{19{,}1} \times \left[1 + \left(\frac{63 + 39 \times 0{,}31}{100} \right) \right]$$

$F = 0{,}6330 \times 1{,}7509$

F = 1,1084

Salário de Benefício = R$ 2.000,00 (média) x 1,1084 (fator previdenciário)

Salário de Benefício = **R$ 2.216,80**

Ao longo da expectativa de sobrevida = R$ 2.216,80 x 19,1 anos = **R$ 550.431,44**.

O que vemos claramente nos exemplos acima: que é muito mais vantajoso trabalhar um pouco mais, e quanto maior for a idade, melhor.

O **Severino** por ser mais novo e por ter trabalhado menos, perdeu um bom percentual da média encontrada. Já o **João** teve um bom acréscimo da média encontrada, pois além de ter uma idade maior, trabalhou por mais tempo. A diferença de valores pagos para ambos ao longo da expectativa de sobrevida do IBGE diminuiu substancialmente e vemos uma pequena inversão a favor do mais velho e que também trabalhou um pouco mais.

A real intenção era tentar diminuir a demanda precoce aos pedidos de aposentadoria que estavam ocorrendo muito cedo, já que, ao longo dos anos, a expectativa de vida do brasileiro aumentou e muito. Houve uma tentativa de adequação ao que se recolhia efetivamente ao longo do tempo e ao que deveria ser pago até o fim da vida do segurado.

6ª Parte
Salários Concedidos

O **13º SALÁRIO**, também chamado **ABONO ANUAL**, será devido ao segurado e/ou dependente que durante o ano recebeu aposentadoria, pensão por morte, auxílio-doença, auxílio-acidente, salário-maternidade e auxílio-reclusão, correspondente ao valor da mensalidade de dezembro.

Normalmente é pago juntamente com o salário de **novembro** (pago no início de dezembro), mas essa bonificação também pode ser dividida em duas partes, sendo a primeira paga no meio do ano (nos últimos anos, o INSS tem usado essa forma de pagamento).

Para o recebedor que ainda não completou 12 meses de benefício, o abono anual corresponderá a **x/12 avos** de sua mensalidade de dezembro, sendo x o número de meses em que o benefício esteve em manutenção.

Caso o segurado tenha recebido benefício por período inferior a 12 meses, dentro do mesmo ano, fará jus ao recebimento do abono anual de forma proporcional. O período igual ou superior a 15 dias, dentro do mês, será considerado como mês integral para efeito de cálculo do abono anual.

O *SALÁRIO-FAMÍLIA* é um benefício pago aos segurados **empregados**, exceto os domésticos, e aos trabalhadores avulsos para auxiliar no sustento dos filhos de até 14 anos de idade ou inválidos de qualquer idade.

OBSERVAÇÃO: são equiparados aos filhos os **enteados** e **tutelados**, estes desde que não possuam bens suficientes para o próprio sustento, devendo a dependência econômica de ambos ser comprovada.

Quando o **pai** e a **mãe** são segurados empregados ou trabalhadores avulsos, ambos têm direito ao salário-família.

O desempregado não tem direito ao benefício.

Para a concessão do salário-família, a Previdência Social não exige tempo mínimo de contribuição.

O benefício será encerrado quando o(a) filho(a) completar 14 anos, em caso de falecimento do(a) filho(a), por ocasião de desemprego do segurado e no caso do filho inválido, quando da cessação da incapacidade.

O *SALÁRIO-MATERNIDADE* é um benefício concedido às seguradas empregadas, empregadas domésticas, contribuintes individuais e facultativas, por ocasião do parto, da adoção ou da guarda judicial para fins de adoção.

A Previdência Social não exige carência para a conceção desse benefício.

A segurada que exercer atividades concomitantes, tem direito a um salário-maternidade para cada emprego.

A segurada aposentada que permanecer ou retornar à atividade tem direito ao pagamento do salário-maternidade.

No caso de adoção ou guarda judicial para fins de adoção, é devido o salário-maternidade, de acordo com a Lei n. 10.421 de 15.04.2002, se a adoção ou o termo de guarda judicial para fins de adoção for igual ou posterior à publicação da Lei.

No caso de parto antecipado, o período de carência para as seguradas contribuintes individual e facultativa, será reduzido em número de contribuições equivalentes ao número de meses em que o parto foi antecipado.

Nos casos em que a criança venha a falecer durante a licença-maternidade, o salário-maternidade não será interrompido. Em caso de natimorto, o benefício será devido nas mesmas condições e prazos.

No caso de aborto não criminoso, comprovado por atestado médico, é devido salário-maternidade correspondente a duas semanas, devendo ser requerido em qualquer Agência da Previdência Social (APS).

O salário-maternidade é devido a partir do 8º mês de gestação, comprovado por meio de atestado médico:

– A partir da data do parto, com apresentação da Certidão de Nascimento;

– A partir da data do deferimento da medida liminar nos autos de adoção ou da data da lavratura da Certidão de Nascimento do adotado.

Considera-se parto, o nascimento ocorrido a partir da 23ª semana (6º mês) de gestação, inclusive em caso de natimorto.

É aceito:

– Atestado fornecido por médico do Sistema Único de Saúde – SUS;

– Atestado médico do serviço médico da empresa, ou por ela credenciada;

– Atestado médico particular.

Deverá ser apresentado o Atestado Médico original quando a licença-maternidade ocorrer antes do parto.

A Empresa paga o salário-maternidade para a segurada empregada, exceto nos casos de adoção ou guarda judicial para fins de adoção, com a dedução do valor pago na Guia da Previdência Social, conforme a Lei n. 10.710 de 05.08.2003.

A Previdência Social, por meio da rede bancária, para a segurada empregada, nos casos de adoção ou guarda judicial para fins de adoção.

A Previdência Social, por meio da rede bancária, em qualquer hipótese nos pedidos da empregada doméstica, contribuinte individual e facultativa.

Mediante convênio com a Empresa, Sindicato ou Entidade de aposentados devidamente legalizados, nos casos de adoção ou guarda judicial para fins de adoção.

Em qualquer caso, será descontado mensalmente do salário-maternidade o valor da contribuição previdenciária devida pela segurada.

É de cinco anos o prazo para a segurada requerer o benefício, a contar da data do parto ou da adoção ou da guarda judicial para fins de adoção.

O empregador continua recolhendo a sua contribuição mensal normal referente à parte patronal, e, se for o caso, à parte do custeio de acidentes do trabalho e de outras *entidades, durante o recebimento pela empregada do salário-maternidade.*

A segurada recebe o salário-maternidade por 120 dias a partir do parto ou por definição médica, 28 dias antes e 91 dias após o parto.

No caso de adoção ou de guarda judicial para fins de adoção:

– Por 120 dias para criança de até um ano de idade;

– Por 60 dias para criança de um ano e um dia até quatro anos de idade; ou

– Por 30 dias para criança de quatro anos e um dia até oito anos de idade.

Será devido o salário-maternidade à segurada mãe adotiva, ainda que já tenha havido pagamento de benefício semelhante à mãe biológica;

No caso de adoção ou guarda judicial para fins de adoção de mais de uma criança, simultaneamente, será devido o pagamento somente de um salário-maternidade, observando-se o direito segundo a idade da criança mais nova.

Nos casos em que houver necessidade de prorrogação por motivos excepcionais, os períodos de repouso anterior e posterior ao parto podem ser aumentados de mais duas semanas (14 dias). A segurada deverá solicitar a prorrogação no ato do requerimento do salário-maternidade, na Agência da Previdência Social escolhida, apresentando Atestado Médico original, se for o caso.

O início do pagamento do benefício é fixado de acordo com o atestado médico. Se a criança já tiver nascido, o início do benefício será na data de nascimento da criança, neste caso deve ser apresentada a cópia autenticada da certidão de nascimento.

No caso de adoção ou guarda judicial para fins de adoção, a data do deferimento da medida liminar nos autos de adoção ou a data da lavratura da Certidão de Nascimento, segundo a Lei n. 10.421 de 15.04.2002.

Para segurada empregada o valor do benefício é igual à sua remuneração integral, no mês de seu afastamento ou em caso de salário variável, igual à média dos 6 (seis) últimos meses de trabalho, apurada conforme a lei salarial ou dissídio da categoria (Art. 393 da CLT). Não será considerado como salário variável o décimo terceiro salário ou férias, porventura recebidos.

Para segurada empregada doméstica: valor correspondente ao do seu último salário de contribuição, que não será inferior ao do salário-mínimo e nem superior ao limite máximo do salário de contribuição.

Para segurada contribuinte individual ou facultativa: 1/12 avos da soma dos doze últimos salários de contribuição, apurados em períodos não superior a quinze meses.

Será descontada, durante a percepção do salário-maternidade, a alíquota de contribuição da segurada contribuinte individual ou facultativa, equivalente a 20%, aplicada sobre o respectivo salário de benefício.

Os resíduos decorrentes de aumentos salariais, dissídios coletivos e outros, serão pagos pela Previdência Social, mediante pedido de revisão, requerido na Agência da Previdência Social, escolhida no ato do requerimento. Devem ser apresentados documentos que comprovem a alteração salarial.

É de 5 (cinco) anos o prazo para solicitar tal revisão, a contar da data que deveriam ter sido pagas as parcelas.

Quando a empregada gestante é despedida, a Previdência Social interromperá o pagamento do salário-maternidade por não haver mais a relação de emprego. O empregador, conforme o caso, efetuará os pagamentos nas indenizações trabalhistas.

Se a segurada recebe auxílio-doença, este será suspenso na véspera do início do salário-maternidade.

7ª PARTE
Benefícios programados

APOSENTADORIA POR IDADE (B-41)

Lei n. 8.213, de 24.07.1991

Decreto n. 3.048, de 06.05.1999

Lei n. 9.876, de 29.11.1999

Lei n. 10.666, de 08.05.2003

A *APOSENTADORIA POR IDADE* (B-41), antiga aposentadoria por velhice, é o benefício mais comum entre os concedidos e mantidos pela Previdência Social.

É devido ao segurado que tenha as idades mínimas de 65 anos para os homens e de 60 anos para as mulheres e que tenha o número mínimo de contribuições para a conceção do benefício.

O cálculo do salário de benefício é feito da seguinte maneira: encontra-se a média aritmética simples das 80% maiores contribuições (salários de contribução) de julho de 1994 até a data de entrada do requerimento. Encontrada a média, multiplica-se o valor por 70% + 1% para cada ano de contribuição não podendo ultrapassar o limite máximo de 100%.

Decreto n. 3.048, de 06.05.1999

Art.51. A aposentadoria por idade, uma vez cumprida a carência exigida, será devida ao segurado que completar sessenta e cinco anos de idade, se homem, ou sessenta, se mulher, reduzidos esses limites para sessenta e cinquenta e cinco anos de idade para os trabalhadores rurais, respectivamente homens e mulheres, referidos na alínea "a" do inciso I, na alínea "j" do inciso V e nos incisos VI e VII do caput do art. 9º, bem como para os segurados garimpeiros que trabalhem, comprovadamente, em regime de economia familiar, conforme definido no §5º do art. 9º. (Redação dada pelo <u>Decreto n. 3.265, de 29/11/99</u>)

Mas se o interessado comprovar que contribuiu para a previdência social em qualquer época de sua existência com o número de contribuições exigidas para a liberação da aposentadoria no ano do requerimento, mesmo já tendo perdido a qualidade, o benefício será concedido. Veja a lei abaixo:

Lei n. 10.666, de 08.05.2003

....

Art. 3º A perda da qualidade de segurado não será considerada para a concessão das aposentadorias por tempo de contribuição e especial.

§ 1º Na hipótese de aposentadoria por idade, a perda da qualidade de segurado não será considerada para a concessão desse benefício, desde que o segurado conte com, no mínimo, o tempo de contribuição correspondente ao exigido para efeito de carência na data do requerimento do benefício.

Veja abaixo o número de contribuições exigido de acordo com o ano do requerimento, para atender ao parágrafo acima:

ANO DO REQUERIMENTO	N. DE CONTRIBUIÇÕES EXIGIDOS
1998	102 meses
1999	108 meses
2000	114 meses
2001	120 meses
2002	126 meses
2003	132 meses
2004	138 meses
2005	144 meses
2006	150 meses
2007	156 meses
2008	162 meses
2009	168 meses
2010	174 meses
2011	180 meses

§ 2º A concessão do benefício de aposentadoria por idade, nos termos do § 1º, observará, para os fins de cálculo do valor do benefício, o disposto no art. 3º, *caput* e § 2º, da Lei n. 9.876, de 26 de novembro de 1999, ou, não havendo salários de contribuição recolhidos no período a partir da competência julho de 1994, o disposto no art. 35 da Lei n. 8.213, de 24 de julho de 1991."

Isto é, se o interessado não apresentar nenhuma contribuição no período de julho de 1994 até o momento do requerimento, o valor da aposentadoria será igual a um salário mínimo vigente.

APOSENTADORIA POR TEMPO DE CONTRIBUIÇÃO (B-42)

Lei n. 8.213, de 24.07.1991

Decreto n. 2.172, de 05.03.1997

Decreto n. 3.048, de 06.05.1999

Emenda Constitucional n. 20, de 15.12.1998

Lei n. 9.876 de 29.11.1999

Lei n. 10.666, de 08.05.2003

A *APOSENTADORIA POR TEMPO DE CONTRIBUIÇÃO* (B-42), antiga aposentadoria por tempo de "**serviço**" é concedida ao segurado que tenha contribuído durante 35 anos se for HOMEM ou 30 anos se for MULHER.

Decreto n. 3.048, de 06.05.1999

....

Art. 59. *Considera-se tempo de contribuição o tempo, contado de data a data, desde o início até a data do requerimento ou do desligamento de atividade abrangida pela previdência social, descontados os períodos legalmente estabelecidos como de suspensão de contrato de trabalho, de interrupção de exercício e de desligamento da atividade.*

Com a publicação da Emenda Constitucional n. 20 em 15.12.1998 o nome do benefício foi alterado e o conceito também. A partir desta data, só se leva em consideração para a concessão desse benefício as atividades que tenham gerado contribuição previdenciária. Veja a diferença:

<u>Aposentadoria por Tempo de "Serviço"</u> (vigente até 15.12.1998)

Aceita contagem de tempo para os seguintes acontecimentos:

- tempo militar;
- licença-prêmio;
- tempo rural;
- tempo de escola técnica;
- tempo especial convertido;
- tempo de mandato eletivo...

Emenda Constitucional n. 20, de 15.12.98

....

Art. 4º *Observado o disposto no art. 40, § 10, da Constituição Federal, o tempo de serviço considerado pela legislação vigente para efeito de aposentadoria, cumprido até que a lei discipline a matéria, será contado como tempo de contribuição.*

Aposentadoria por Tempo de "Contribuição" (vigente a partir de 16.12.1998)

Só considera tempo de contribuição comprovado. O cálculo do salário de benefício é feito da seguinte maneira: encontra-se a média aritmética simples das 80% maiores contribuições (salários de contribuição) de julho de 1994 até a data de entrada do requerimento. Encontrada a média, basta então multiplicar pelo *FATOR PREVIDENCIÁRIO*, independente da idade do(a) segurado(a).

Como esse benefício ainda permite ao segurado optar pela *APOSENTADORIA PROPORCIONAL*, devemos achar o quoeficiente, conforme tabela abaixo:

MULHERES	HOMENS	QUOEFICIENTE
29 anos	34 anos	90%
28 anos	33 anos	85%
27 anos	32 anos	80%
26 anos	31 anos	75%
25 anos	30 anos	70%

Mas para que o segurado faça jus a *aposentadoria proporcional*, ele(a) tem as seguintes condições a cumprir:

1 – Idade Mínima: 53 anos (HOMEM) e 48 anos (MULHER)

2 – Pagar o **PEDÁGIO**.

Pedágio é um período adicional de contribuição equivalente a 40% (quarenta por cento) do tempo que, na data da publicação da Emenda Constitucional n. 20 (15.12.1998), faltaria para atingir o limite mínimo para a aposentadoria proporcional, isto é, 25 anos se mulher e 30 anos se homem.

Exemplos de cálculo de *PEDÁGIO*:

HOMEM: 27 anos de contribuição em 15/12/1998, para 30 anos faltam 3.

3 anos + 40% = **4 anos, 2 meses e 12 dias**

Somando-se o pedágio aos 27 anos, ele poderá solicitar aposentadoria proporcional aos 31 anos, 2 meses e 12 dias de contribuição, se já tiver a idade mínima (53 anos).

MULHER: 19 anos de contribuição em 15/12/1998, para 25 anos faltam 6.

6 anos + 40% = **8 anos, 4 meses e 24 dias**

Somando-se o pedágio aos 19 anos, ela poderá solicitar aposentadoria proporcional aos 27 anos, 4 meses e 24 dias de contribuição, se já tiver a idade mínima (48 anos).

Existe uma tendência natural a acabar a opção da aposentadoria proporcional, já que no momento em que se calcular o pedágio, e este, ao ser somado ao tempo até 15.12.1998, ultrapassar os 35 anos para os homens ou 30 anos para as mulheres, a aposentadoria passa automaticamente a ser integral.

Veja o que o segurado poderá somar ao seu tempo de serviços, no momento da aposentadoria:

Decreto n. 3.048, de 06.05.1999

....

Art. 60. *Até que lei específica discipline a matéria, são contados como tempo de contribuição, entre outros:*

I – o período de exercício de atividade remunerada abrangida pela previdência social urbana e rural, ainda que anterior à sua instituição, respeitando o disposto no inciso XVII;

II – o período de contribuição efetuada por segurado depois de ter deixado de exercer atividade remunerada que o enquadrava como segurado obrigatório da previdência social;

III – o período em que o segurado esteve recebendo auxílio-doença ou aposentadoria por invalidez, entre períodos de atividade;

IV – o tempo de serviço militar, salvo se já contado para inatividade remunerada nas Forças Armadas ou auxiliares, ou para aposentadoria no serviço público federal, estadual, do Distrito Federal ou municipal, ainda que anterior à filiação ao Regime Geral de Previdência Social, nas seguintes condições:

a) obrigatório ou voluntário; e

b) alternativo, assim considerado o atribuído pelas Forças Armadas àqueles que, após alistamento, alegarem imperativo de consciência, entendendo-se como tal o decorrente de crença religiosa e de convicção filosófica ou política, para se eximirem de atividades de caráter militar;

V – o período em que a segurada esteve recebendo salário-maternidade;

VI – o período de contribuição efetuada como segurado facultativo;

VII – o período de afastamento da atividade do segurado anistiado que, em virtude de motivação exclusivamente política, foi atingido por atos de exceção, institucional ou complementar, ou abrangido pelo Decreto Legislativo n. 18, de 15 de dezembro de 1961, pelo Decreto-Lei n. 864, de 12 de setembro de 1969, ou que, em virtude de pressões ostensivas ou expedientes oficiais sigilosos, tenha sido demitido ou compelido ao afastamento de atividade remunerada no período de 18 de setembro de 1946 a 5 de outubro de 1988;

VIII – o tempo de serviço público federal, estadual, do Distrito Federal ou municipal, inclusive o prestado a autarquia ou a sociedade de economia mista ou fundação instituída pelo Poder Público, regularmente certificado na forma da Lei n. 3.841, de 15 de dezembro de 1960, desde que a respectiva certidão tenha sido requerida na entidade para a qual o serviço foi prestado até 30 de setembro de 1975, véspera do início da vigência da Lei n. 6.226, de 14 de junho de 1975;

IX – o período em que o segurado esteve recebendo benefício por incapacidade por acidente do trabalho, intercalado ou não;

X – o tempo de serviço do segurado trabalhador rural anterior à competência novembro de 1991;

XI – o tempo de exercício de mandato classista junto a órgão de deliberação coletiva em que, nessa qualidade, tenha havido contribuição para a previdência social;

XII – o tempo de serviço público prestado à administração federal direta e autarquias federais, bem como às estaduais, do Distrito Federal e municipais, quando aplicada a legislação que autorizou a contagem recíproca de tempo de contribuição;

XIII – o período de licença remunerada, desde que tenha havido desconto de contribuição;

XIV – o período em que o segurado tenha sido colocado pela empresa em disponibilidade remunerada, desde que tenha havido desconto de contribuições;

XV – o tempo de serviço prestado à Justiça dos Estados, às serventias extrajudiciais e às escrivanias judiciais, desde que não tenha havido remuneração pelos cofres públicos e que a atividade não estivesse à época vinculada a regime próprio de previdência social;

XVI – o tempo de atividade patronal ou autônoma, exercida anteriormente à vigência da Lei n. 3.807, de 26 de agosto de 1960, desde que indenizado conforme o disposto no art. 122;

XVII – o período de atividade na condição de empregador rural, desde que comprovado o recolhimento de contribuições na forma da Lei n. 6.260, de 6 de novembro de 1975, com indenização do período anterior, conforme o disposto no art. 122;

XVIII – o período de atividade dos auxiliares locais de nacionalidade brasileira no exterior, amparados pela Lei n. 8.745, de 1993, anteriormente a 1º de janeiro de 1994, desde que sua situação previdenciária esteja regularizada junto ao Instituto Nacional do Seguro Social;

XIX – o tempo de exercício de mandato eletivo federal, estadual, distrital ou municipal, desde que tenha havido contribuição em época própria e não tenha sido contado para efeito de aposentadoria por outro regime de previdência social;

XX – o tempo de trabalho em que o segurado esteve exposto a agentes nocivos químicos, físicos, biológicos ou associação de agentes prejudiciais à saúde ou à integridade física, observado o disposto nos arts. 64 a 70; e

XXI – o tempo de contribuição efetuado pelo servidor público de que tratam as alíneas "i", "j" e "l" do inciso I do **caput** *do art. 9º e o § 2º do art. 26, com base nos arts. 8º e 9º da Lei n. 8.162, de 8 de janeiro de 1991, e no art. 2º da Lei n. 8.688, de 21 de julho de 1993.*

§ 1º Não será computado como tempo de contribuição o já considerado para concessão de qualquer aposentadoria prevista neste Regulamento ou por outro regime de previdência social.

§ 2º As aposentadorias por idade, tempo de contribuição e especial concedidas pela previdência social, na forma deste regulamento, são irreversíveis e irrenunciáveis.

§ 3º O tempo de contribuição de que trata este artigo será considerado para cálculo do valor da renda mensal de qualquer benefício.

§ 4º O segurado especial que contribui na forma do § 2º do art. 200 somente fará jus à aposentadoria por idade, tempo de contribuição e especial após o cumprimento da carência exigida para estes benefícios, não sendo considerado como período de carência o tempo de atividade rural não contributivo.

Art. 62. A prova de tempo de serviço, considerado tempo de contribuição na forma do art. 60, observadas, no que couber, as peculiaridades do trabalhador autônomo e do segurado facultativo, é feita mediante documentos que comprovem o exercício de atividade nos períodos a serem contados, devendo esses documentos ser contemporâneos dos fatos a comprovar e mencionar as datas de início e término e, quando se tratar de trabalhador avulso, a duração do trabalho e a condição em que foi prestado.

§ 1º As anotações em Carteira Profissional e/ou Carteira de Trabalho e Previdência Social relativas a férias, alterações de salários e outras que demonstrem a sequência do exercício da atividade podem suprir possível falha de registro de admissão ou dispensa.

§ 2º Servem para a prova prevista neste artigo os documentos seguintes:

I – o contrato individual de trabalho, a Carteira Profissional e/ou a Carteira de Trabalho e Previdência Social, a carteira de férias, a carteira sanitária, a caderneta de matrícula e a caderneta de contribuições dos extintos institutos de aposentadoria e pensões, a caderneta de inscrição pessoal visada pela Capitania dos Portos, pela Superintendência do Desenvolvimento da Pesca, pelo Departamento Nacional de Obras Contra as Secas e declarações da Receita Federal;

II – certidão de inscrição em órgão de fiscalização profissional, acompanhada do documento que prove o exercício da atividade;

III – contrato social e respectivo distrato, quando for o caso, ata de assembleia geral e registro de firma individual;

IV – contrato de arrendamento, parceria ou comodato rural;

V – certificado de sindicato ou órgão gestor de mão de obra que agrupa trabalhadores avulsos;

VI – comprovante de cadastro do Instituto Nacional de Colonização e Reforma Agrária, no caso de produtores em regime de economia familiar;

VII – bloco de notas do produtor rural; ou

VIII – declaração de sindicato de trabalhadores rurais ou colônia de pescadores, desde que homologada pelo Instituto Nacional do Seguro Social.

§ 3º Na falta de documento contemporâneo podem ser aceitos declaração do empregador ou seu preposto, atestado de empresa ainda existente, certificado ou certidão de entidade oficial dos quais constem os dados previstos no caput deste artigo, desde que extraídos de registros efetivamente existentes e acessíveis à fiscalização do Instituto Nacional do Seguro Social.

§ 4º Se o documento apresentado pelo segurado não atender ao estabelecido neste artigo, a prova exigida pode ser complementada por outros documentos que levem à convicção do fato a comprovar, inclusive mediante justificação administrativa, na forma do Capítulo VI deste Título.

§ 5º A comprovação realizada mediante justificação administrativa ou judicial só produz efeito perante a previdência social quando baseada em início de prova material.

§ 6º A prova material somente terá validade para a pessoa referida no documento, não sendo permitida sua utilização por outras pessoas.

Art. 63. Não será admitida prova exclusivamente testemunhal para efeito de comprovação de tempo de serviço ou de contribuição, salvo na ocorrência de motivo de força maior ou caso fortuito, observado o disposto no § 2º do art. 143.

IMPORTANTE: Os segurados que optarem pela contribuição facultativa com alíquota de 11% ou 5%, não têm direito a aposentadoria por tempo de contribuição.

APOSENTADORIA DO PROFESSOR (B-57)

Lei n. 3.807, de 05.09.1960

Decreto n. 53.831, de 24.03.1964

Decreto n. 83.080, de 24.01.1979

Emenda Constitucional n. 18, de 30.06.1981

Lei n. 8.213, de 24.07.1991

Lei n. 8.870, de 15.04.1994

Lei n. 9.032, de 28.04.1995

Emenda Constitucional n. 20, de 15.12.1998

Instrução Normativa n. 11 de 20.09.2007

De 24.03.1964, data da publicação do Decreto n. 53.831 até 28.06.1981, data da publicação da Emenda Constitucional n. 18, o profissional da área do ensino tinha o direito de se aposentar com 25 anos de docência sob o título de "magistério" pela **APOSENTADORIA DO PROFESSOR**.

Poderia também aposentar-se pela APOSENTADORIA ESPECIAL, aos 25 anos de atividade com base no enquadramento no item 2.1.4. do Anexo III do Decreto n. 53.831/64, que considerava a atividade como "penosa".

Sob a égide daquele Decreto o segurado, se quisesse, poderia efetuar conversão do tempo de magistério incompleto para alcançar uma Aposentadoria por Tempo de Serviço.

Mas, desde a publicação da Emenda Constitucional n. 18 de 30.06.1981, não é mais permitida a conversão do tempo de exercício de magistério para qualquer outra espécie de benefício, exceto se o segurado implementou todas as condições até 29.06.1981, considerando que aquela Emenda Constitucional retirou esta categoria profissional do quadro anexo ao Decreto n. 53.831/64, para incluí-la em legislação especial e específica, que passou a ser regida por legislação própria.

Veja as legislações e instruções abaixo:

Lei n. 8.213, de 24.07.1991

....

Art. 56. O professor, após 30 (trinta) anos, e a professora, após 25 (vinte e cinco) anos de efetivo exercício em funções de magistério poderão aposentar-se por tempo de serviço, com renda mensal correspondente a 100% (cem por cento) do salário de benefício, observado o disposto da Seção III deste Capítulo.

Em face da nova redação dada ao § 8º do art. 201 da Constituição Federal, pelo art. 1º da Emenda Constitucional n. 20 de 15.12.1998, é devida aposentadoria por tempo de contribuição para o professor aos trinta anos de contribuição e para a professora aos vinte e cinco anos de contribuição, desde que comprovem exclusivamente tempo de efetivo exercício das funções de magistério na *educação infantil* e no *ensino fundamental e médio*.

Emenda Constitucional n. 20, de 15.12.1998

....

Art. 9º

....

§ 7º É assegurada aposentadoria no regime geral de previdência social, nos termos da lei, obedecidas as seguintes condições:

I – trinta e cinco anos de contribuição, se homem, e trinta anos de contribuição, se mulher;

....

§ 8º Os requisitos a que se refere o inciso I do parágrafo anterior serão reduzidos em cinco anos, para o professor que comprove exclusivamente tempo de efetivo exercício das funções de magistério na educação infantil e no ensino fundamental e médio.

....

Art. 9º..........................

§ 2º O professor que, até a data da publicação desta Emenda, tenha exercido atividade de magistério e que opte por aposentar-se na forma do disposto no caput, terá o tempo de serviço exercido até a publicação desta Emenda contado com o acréscimo de dezessete por cento, se homem, e de vinte por cento, se mulher, desde que se aposente, exclusivamente, com tempo de efetivo exercício de atividade de magistério.

Isto é, se o professor (HOMEM), de ensino não fundamental ou médio estava em 15.12.1998 com, por exemplo, 18 anos de atividade e já pensando em se aposentar aos 25, como agora não será mais possível essa possibilidade, ele terá como "indenização" um acréscimo de 17% sobre o seu tempo já trabalhado. Aqueles 18 anos acrescidos de 17%, passam a ser computados aproximadamente 21 anos e 6 meses, e sendo assim, terá que aguardar 35 anos de contribuição para se aposentar por tempo de contribuição.

A professora (MULHER) ganhará um acréscimo de 20 % sobre o seu tempo já trabalhado pois agora ela só se aposentará aos 30 anos de contribuição

Instrução Normativa n. 11 de 20.09.2007.

....

Art. 130. A aposentadoria por tempo de contribuição do professor será devida ao segurado, sem limite de idade, após completar trinta anos de contribuição, se homem, ou 25 (vinte e cinco) anos de contribuição, se mulher, nas seguintes situações:

I – em caso de direito adquirido até 5 de março de 1997, poderão ser computados os períodos:

a) de atividades exercidas pelo professor em estabelecimento de ensino de 1º e 2º grau ou de ensino superior, bem como em cursos de formação profissional, autorizados ou reconhecidos pelos órgãos competentes do Poder Executivo Federal, Estadual, do Distrito Federal ou Municipal, da seguinte forma:

1 – como docentes, a qualquer título, ou

2 – em funções de administração, planejamento, orientação, supervisão ou outras específicas dos demais especialistas em educação.

b) de atividades de professor, desenvolvidas nas universidades e nos estabelecimentos isolados de ensino superior, da seguinte forma:

1 – pertinentes ao sistema indissociável de ensino e pesquisa, em nível de graduação ou mais elevado, para fins de transmissão e ampliação do saber, ou

2 – inerentes à administração.

II – em caso de direito adquirido de 6 de março de 1997 a 16 de dezembro de 1998, poderão ser computados os períodos:

a) de atividade docente, a qualquer título, exercida pelo professor em estabelecimento de ensino de 1º e 2º grau ou de ensino superior, bem como em cursos de formação profissional, autorizados ou reconhecidos pelos órgãos competentes do Poder Executivo Federal, Estadual, do Distrito Federal ou Municipal, ou

b) de atividade de professor, desenvolvida nas universidades e nos estabelecimentos isolados de ensino superior, pertinentes ao sistema indissociável de ensino e pesquisa, em nível de graduação ou mais elevado, para fins de transmissão e ampliação do saber.

III – com direito adquirido a partir de 16 de dezembro de 1998, de atividade de professor no exercício das funções de magistério na educação infantil e no ensino fundamental e médio.

Art. 131. Considera-se, também, como tempo de serviço para concessão de aposentadoria de professor:

I – o de serviço público Federal, Estadual, do Distrito Federal ou Municipal;

II – o de benefício por incapacidade, recebido entre períodos de atividade;

III – o de benefício por incapacidade decorrente de acidente do trabalho, intercalado ou não.

Art. 132. A comprovação da condição e do período de atividade de professor far-se-á conjuntamente mediante a apresentação dos seguintes documentos:

I – da habilitação:

a) do respectivo diploma registrado nos Órgãos competentes Federais e Estaduais, ou

b) qualquer outro documento emitido por Órgão competente, que comprove a habilitação para o exercício do magistério, na forma de lei específica.

II – da atividade:

a) dos registros em CP ou CTPS, complementados, quando for o caso, por declaração do estabelecimento de ensino onde foi exercida a atividade, sempre que necessária essa informação, para efeito de sua caracterização;

b) informações constantes do CNIS a partir de 7/1994;

c) *Certidão de Contagem Recíproca para o período em que esteve vinculado a RPPS, observado o parágrafo único do art. 336 desta IN.*

Parágrafo único. O segurado que não comprovar a habilitação para o magistério, na forma do inciso I acima, o período trabalhado não será reconhecido para fins de concessão de aposentadoria de professor.

APOSENTADORIA ESPECIAL (B-46)

Lei n. 3.807, de 05.09.1960

Decreto n. 53.831, de 25.03.1964

Decreto n. 83.080, de 24.01.1979

Lei n. 8.213, de 24.07.1991

Lei n. 9.032, de 28.04.1995

Lei n. 9.528, de 10.12.1997

Decreto n. 2.172, de 05.03.1997

Emenda Constitucional n. 20, de 15.12.1998

Decreto n. 3.048, de 06.05.1999

A **APOSENTADORIA ESPECIAL** (B-46) é um benefício criado em 1960 (Lei n. 3.807/60) para amparar o trabalhador que exerceu atividades com *exclusiva* exposição a agentes *nocivos, perigosos, penosos* ou *insalubres* de forma *habitual e permanente*, durante toda a sua jornada de trabalho. Foi mantido inalterado até 28.04.1995, data da publicação da Lei n. 9.032, data do início das profundas alterações que sofreu este benefício.

Por se tratar de um benefício diferenciado, é concedido se a exigência de idade mínima, aos 15, 20 ou 25 anos de atividade, com coeficiente de 100% sobre a média aritmética simples encontrada das 80% maiores contribuições de julho de 1994 até o requerimento do benefício.

Só exige comprovação da efetiva exposição aos agentes nocivos mediante apresentação dos seguintes documentos:

– SB-40 ou

– DSS-8030 ou

– DIRBEN-8030 ou

– PPP (Perfil Profissiográfico Previdenciário).

Dec. n. 3.048, de 06.05.1999

....

Art.64. A aposentadoria especial, uma vez cumprida a carência exigida, será devida ao segurado empregado, trabalhador avulso e contribuinte individual, este somente quando *cooperado filiado a cooperativa de trabalho ou de produção, que tenha trabalhado durante quinze, vinte ou vinte e cinco anos, conforme o caso, sujeito a condições especiais que prejudiquem a saúde ou a integridade física.(Redação dada pelo <u>Decreto n. 4.729, de 9/06/2003</u>).*

§ 1º A concessão da aposentadoria especial dependerá de comprovação pelo segurado, perante o Instituto Nacional do Seguro Social, do tempo de trabalho permanente, não ocasional nem intermitente, exercido em condições especiais que prejudiquem a saúde ou a integridade física, durante o período mínimo fixado no caput.

§ 2º O segurado deverá comprovar a efetiva exposição aos agentes nocivos químicos, físicos, biológicos ou associação de agentes prejudiciais à saúde ou à integridade física, pelo período equivalente ao exigido para a concessão do benefício. (Redação dada pelo <u>Decreto n. 4.079, de 9/01/2002</u>)

Art. 65. Considera-se trabalho permanente, para efeito desta Subseção, aquele que é exercido de forma não ocasional nem intermitente, no qual a exposição do empregado, do trabalhador avulso ou do cooperado ao agente nocivo seja indissociável da produção do bem ou da prestação do serviço. (Alterado pelo <u>Decreto n. 4.882, de 18/11/ 2003 – DOU DE 19/11/2003</u>)

Parágrafo único. Aplica-se o disposto no caput aos períodos de descanso determinados pela legislação trabalhista, inclusive férias, aos de afastamento decorrentes de gozo de benefícios de auxílio-doença ou aposentadoria por invalidez acidentários, bem como aos de percepção de salário-maternidade, desde que, à data do afastamento, o segurado estivesse exercendo atividade considerada especial (Texto Acrescido pelo <u>Decreto n. 4.882, de 18/11/ 2003 – DOU DE 19/11/2003</u>)

Art.66. Para o segurado que houver exercido sucessivamente duas ou mais atividades sujeitas a condições especiais prejudiciais à saúde ou à integridade física, sem completar em qualquer delas o prazo mínimo exigido para a aposentadoria especial, os respectivos períodos serão somados após conversão, conforme tabela abaixo, considerada a atividade preponderante:

Explicando o *art.* 66 citado acima, apresentando um exemplo prático:

O segurado trabalhou 8 anos em uma mina de subsolo, que dá direito à aposentadoria aos 15 anos de atividade.

Depois passou a exercer as suas atividades na mesma mina, durante mais 13 anos, mas agora a céu aberto, na extração de minério, que dá direiro à aposentadoria aos 25 anos de atividade.

Então, utilizando a tabela de conversão abaixo, podemos descobrir qual é a atividade com o *maior peso* e somar a esta o tempo da atividade com o *menor peso*:

Tempo a converter de Especial para Especial	Multiplicadores		
	Para 15 anos	Para 20 anos	Para 25 anos
De 15 anos	-	1,33	1,67
De 20 anos	0,75	-	1,25
De 25 anos	0,60	0,80	-

1) transformando o primeiro período (de 15 para 25 anos) = 8 x 1,67 = 13,3;

2) transformando o segundo período (de 25 para 15 anos) = 13 x 0,60 = 7,8.

Portanto, a atividade preponderante é o primeiro período (8 anos) que será acrescida do tempo de exposição do segundo período convertido (7,8 anos), então:

8 anos + 7,8 anos = 15,8 anos de trabalho.

Já que o período preponderante é o primeiro caso, que só exige 15 anos de contribuição para a aposentadoria especial, e como a soma final deu mais de 15 anos, ele já pode solicitar a aposentadoria.

Art.68. A relação dos agentes nocivos químicos, físicos, biológicos ou associação de agentes prejudiciais à saúde ou à integridade física, considerados para fins de concessão de aposentadoria especial, consta do <u>Anexo IV</u>.

§ 1º As dúvidas sobre o enquadramento dos agentes de que trata o caput, para efeito do disposto nesta Subseção, serão resolvidas pelo Ministério do Trabalho e Emprego e pelo Ministério da Previdência e Assistência Social.

§ 2º A comprovação da efetiva exposição do segurado aos agentes nocivos será feita mediante formulário denominado perfil profissiográfico previdenciário, na forma estabelecida pelo Instituto Nacional do Seguro Social, emitido pela empresa ou seu preposto, com base em laudo técnico de condições ambientais do trabalho expedido por médico do trabalho ou engenheiro de segurança do trabalho. (Redação dada pelo <u>Decreto n. 4.032, de 26/11/2001</u>)

§ 3º Do laudo técnico referido no <u>§ 2º</u> deverá constar informação sobre a existência de tecnologia de proteção coletiva, de medidas de caráter administrativo ou de organização do trabalho, ou de tecnologia de proteção individual, que elimine, minimize ou controle a exposição a agentes nocivos aos limites de tolerância, respeitado o estabelecido na legislação trabalhista. (Alterado pelo <u>Decreto n. 4.882, de 18/11/ 2003 – DOU DE 19/11/2003</u>)

§ 4º A empresa que não mantiver laudo técnico atualizado com referência aos agentes nocivos existentes no ambiente de trabalho de seus trabalhadores ou que emitir documento de comprovação de efetiva exposição em desacordo com o respectivo laudo estará sujeita à multa prevista no <u>art. 283</u>.

§ 5º O INSS definirá os procedimentos para fins de concessão do benefício de que trata esta Subseção, podendo, se necessário, inspecionar o local de trabalho do segurado para confirmar as informações contidas nos referidos documentos. (Alterado pelo <u>Decreto n. 4.882, de 18/11/ 2003 – DOU DE 19/11/2003</u>)

§ 6º A empresa deverá elaborar e manter atualizado perfil profissiográfico previdenciário, abrangendo as atividades desenvolvidas pelo trabalhador e fornecer a este, quando da rescisão do contrato de trabalho ou do desligamento do cooperado, cópia autêntica deste documento, sob pena da multa prevista no <u>art. 283</u>. (Redação dada pelo <u>Decreto n. 4.729, de 9/06/2003</u>)

§ 7º O laudo técnico de que tratam os <u>§§ 2º</u> e <u>3º</u> deverá ser elaborado com observância das normas editadas pelo Ministério do Trabalho e Emprego e dos atos normativos expedidos pelo INSS. (Alterado pelo <u>Decreto n. 4.882, de 18/11/ 2003 – DOU DE 19/11/2003</u>)

§ 8º *Considera-se perfil profissiográfico previdenciário, para os efeitos do § 6º, o documento histórico-laboral do trabalhador, segundo modelo instituído pelo Instituto Nacional do Seguro Social, que, entre outras informações, deve conter registros ambientais, resultados de monitoração biológica e dados administrativos. (Parágrafo acrescentado pelo Decreto n. 4.032, de 26/11/2001)*

§ 9º *A cooperativa de trabalho atenderá ao disposto nos §§ 2º e 6º,com base nos laudos técnicos de condições ambientais de trabalho emitido pela empresa contratante, por seu intermédio, de cooperados para a prestação de serviços que os sujeitem a condições ambientais de trabalho que prejudiquem a saúde ou a integridade física, quando o serviço for prestado em estabelecimento da contratante. (Parágrafo acrescentado pelo Decreto n. 4.729, de 9/06/2003)*

§ 10. *Aplica-se o disposto no § 9º à empresa contratada para prestar serviços mediante cessão ou empreitada de mão de obra. (Parágrafo acrescentado pelo Decreto n. 4.729, de 9/06/2003)*

§ 11. *As avaliações ambientais deverão considerar a classificação dos agentes nocivos e os limites de tolerância estabelecidos pela legislação trabalhista, bem como a metodologia e os procedimentos de avaliação estabelecidos pela Fundação Jorge Duprat Figueiredo de Segurança e Medicina do Trabalho – FUNDACENTRO. (Texto Acrescido Decreto n. 4.882, de 18/11/ 2003 – DOU DE 19/11/2003)*

Art.69. *A data de início da aposentadoria especial será fixada conforme o disposto nos incisos I e II do art. 52.*

Parágrafo único. *Aplica-se o disposto no art. 48 ao segurado que retornar ao exercício de atividade ou operações que o sujeitem aos agentes nocivos constantes do Anexo IV, ou nele permanecer, na mesma ou em outra empresa, qualquer que seja a forma de prestação do serviço, ou categoria de segurado, a partir da data do retorno à atividade. (Redação dada pelo Decreto n. 4.729, de 9/06/2003).*

ATENÇÃO: Se o segurado comprovar a exposição aos agentes nocivos e for contemplado com a aposentadoria especial, não poderá mais exercer a(s) atividade(s) que lhe deu o direito a aposentadoria, podendo o mesmo ser cancelado.

Art.70. *A conversão de tempo de atividade sob condições especiais em tempo de atividade comum dar-se-á de acordo com a seguinte tabela: (modificado pelo Decreto n. 4.827 – de 3 de setembro de 2003)*

Vide tabela de conversão de tempo *especial* para tempo comum:

Tempo a converter de Especial para Comum	Multiplicadores	
	Para 30 – (mulher)	Para 35 – (homem)
De 15 anos	2,00	2,33
De 20 anos	1,50	1,75
De 25 anos	1,20	1,40

(Retificado pelo Decreto n. 4.827 – de 3 de setembro de 2003)

DECRETO N. 4.827 – DE 3 DE SETEMBRO DE 2003 – DOU DE 4/9/2003

Altera o art. 70 do Regulamento da Previdência Social, aprovado pelo Decreto n. 3.048, de 6 de maio de 1999.

O PRESIDENTE DA REPÚBLICA, no uso da atribuição que lhe confere o art. 84, inciso IV, da Constituição, e de acordo com o disposto na Lei n. 8.213, de 24 de julho de 1991,

DECRETA:

Art.1º O art. 70 do Regulamento da Previdência Social, aprovado pelo Decreto n. 3.048, de 6 de maio de 1999, passa a vigorar com a seguinte redação:

"Art.70.A conversão de tempo de atividade sob condições especiais em tempo de atividade comum dar-se-á de acordo com a seguinte tabela (acima)

§1º A caracterização e a comprovação do tempo de atividade sob condições especiais obedecerá ao disposto na legislação em vigor na época da prestação do serviço.

§2º As regras de conversão de tempo de atividade sob condições especiais em tempo de atividade comum constantes deste artigo aplicam-se ao trabalho prestado em qualquer período." (NR)

Art. 2º Este Decreto entra em vigor na data de sua publicação.

Brasília, 3 de setembro de 2003; 182º da Independência e 115º da República.

LUIZ INÁCIO LULA DA SILVA

Ricardo José Ribeiro Berzoini

Este Decreto afirma que, se na época a atividade era considerada para a concessão da aposentadoria especial, isso será respeitado até que a lei tenha modificado essa condição.

Podemos exemplificar da seguinte maneira:

Anexo II do Decreto n. 83.080/79, item 2.4.3 – TRANSPORTE FERROVIÁRIO – Maquinista, guarda-freios, trabalhadores da via permanente – direito a aposentadoria especial aos 25 anos de atividade.

Se o segurado exerceu essas atividades antes de 28.04.1995 (Lei n. 9.032, que não aceita mais o Anexo II para fins de aposentadoria especial), seu direito está garantido.

IN.INSS.PRES. n. 20, de 10.10.2007

....

Art. 155. A aposentadoria especial, uma vez cumprida a carência exigida, será devida ao segurado empregado, trabalhador avulso e contribuinte individual, este somente quando cooperado filiado a cooperativa de trabalho ou de produção, que tenha trabalhado durante quinze, vinte ou vinte e cinco anos, conforme o caso, sujeito a condições especiais que prejudiquem a saúde ou a integridade física.

§ 1º A concessão da aposentadoria especial dependerá de comprovação pelo segurado, perante o INSS, do tempo de trabalho permanente, não ocasional nem intermitente, exercido *em condições especiais que prejudiquem a saúde ou a integridade física, durante o período mínimo fixado no caput.*

§ 2º O segurado deverá comprovar a efetiva exposição aos agentes nocivos químicos, físicos, biológicos ou associação de agentes prejudiciais à saúde ou à integridade física, pelo período equivalente ao exigido para a concessão do benefício.

§ 3º O trabalho exercido em condições especiais que prejudiquem a saúde ou a integridade física, com exposição a agentes nocivos de modo permanente, não ocasional nem intermitente, está tutelado pela Previdência Social mediante concessão da aposentadoria especial, constituindo-se em fato gerador de contribuição previdenciária para custeio deste benefício.

ATENÇÃO: Se o empregado está exposto a agentes nocivos que poderão levá-lo à Aposentadoria Especial, é necessário que o empregador passe a contribuir com um percentual a mais para custear esse benefício, para os seguintes casos:

– 25 anos de atividade – adicional de 6%.

– 20 anos de atividade – adicional de 9%.

– 15 anos de atividade – adicional de 12%.

Caso a empresa decida pelo não recolhimento desses adicionais, o benefício não será concedido.

Art. 156. São consideradas condições especiais que prejudicam a saúde ou a integridade física, conforme definido no Anexo IV do RPS, aprovado pelo Decreto n. 3.048/1999, *a exposição a agentes nocivos químicos, físicos ou biológicos, a exposição à associação desses agentes, em concentração ou intensidade e tempo de exposição que ultrapasse os limites de tolerância ou que, dependendo do agente, torne a simples exposição em condição especial prejudicial à saúde.*

§ 1º Os agentes nocivos não arrolados no Anexo IV do RPS, aprovado pelo Decreto n. 3.048/1999, *não serão considerados para fins de concessão da aposentadoria especial.*

§ 2º As atividades constantes no Anexo IV do RPS, aprovado pelo Decreto n. 3.048/1999, são exemplificativas, salvo para agentes biológicos.

Art. 157. O núcleo da hipótese de incidência tributária, objeto do direito à aposentadoria especial, é composto de:

I – nocividade, que no ambiente de trabalho é entendida como situação combinada ou não de substâncias, energias e demais fatores de riscos reconhecidos, capazes de trazer ou ocasionar danos à saúde ou à integridade física do trabalhador;

II – permanência, assim entendida como o trabalho não ocasional nem intermitente, durante quinze, vinte ou vinte cinco anos, no qual a exposição do empregado, do trabalhador avulso ou do cooperado ao agente nocivo seja indissociável da produção do bem ou da prestação do serviço, em decorrência da subordinação jurídica a qual se submete.

§ 1º Para a apuração do disposto no inciso I, há que se considerar se o agente nocivo é:

I – apenas qualitativo, sendo a nocividade presumida e independente de mensuração, constatada pela simples presença do agente no ambiente de trabalho, conforme constante nos Anexos 6, 13, 13-A e 14 da Norma Regulamentadora n. 15 (NR-15) do Ministério do Trabalho e Emprego - MTE, e no Anexo IV do RPS, aprovado pelo <u>Decreto n. 3.048/1999</u>, para os agentes iodo e níquel;

II – quantitativo, sendo a nocividade considerada pela ultrapassagem dos limites de tolerância ou doses, dispostos nos Anexos 1, 2, 3, 5, 8, 11 e 12 da NR-15 do MTE, por meio da mensuração da intensidade ou da concentração, consideradas no tempo efetivo da exposição no ambiente de trabalho.

§ 2º Quanto ao disposto no inciso II, não quebra a permanência o exercício de função de supervisão, controle ou comando em geral ou outra atividade equivalente, desde que seja exclusivamente em ambientes de trabalho cuja nocividade tenha sido constatada.

Ao longo do tempo, a Previdência Social vem determinando em que casos os segurados venham a ter direito a aposentadoria especial, por meio dos *ANEXOS*:

1 – O Decreto n. 53.831, de 25.03.1964 publicou o primeiro Anexo (conhecido como Anexo III).

2 – O Decreto n. 83.080, de 24.01.1979 publicou o Anexo I (agentes nocivos) e o Anexo II (profissões).

3 – O Decreto n. 3.048, de 06.05.1999 publicou o Anexo IV.

Podemos demonstrar efetivamente essas mudanças ao longo do tempo e seus determinados Anexos, da seguinte maneira:

– *Até 28.04.1995 (Lei n. 9.032)*:

Permitido o enquadramento ou conversão por profissão e por exposição a agentes nocivos.

– *De 29.04.1995 até 03.03.1997 (Decreto n. 2.172)*:

Permitida conversão somente por exposição a agentes nocivos ou ruído acima de 80 dB(A).

– *De 04.03.1997 até 14.12.1998*

Permitida conversão somente por exposição a agentes nocivos ou ruído acima de 90 dB(A).

– *A partir de 15.12.1998 (Emenda Constitucional n. 20)*

Proibidas as conversões por se tratar de tempo fictício.

Serão apresentados em sequência os 4 (quatro) *Anexos* já publicados. Começaremos pelo primeiro *Anexo* publicado pelo Decreto n. 53.831, de 25.03.1964, que, apesar de ter sido o primeiro, curiosamente é conhecido como *Anexo III*. Ele contém agentes nocivos e profissões.

Analisando todos os anexos, percebemos que, ao longo do tempo, houve uma evolução e uma adequação mais moderna quanto às atividades, levando-se em conta inclusive as modernidades na proteção do trabalhador com melhorias do ambiente de trabalho e os equipamentos de proteção obrigatórios para o exercício de diversas atividades.

ANEXO III
Do Decreto n. 53.831, de 25.03.1964

CÓDIGO	CAMPO DE APLICAÇÃO	SERVIÇOS E ATIVIDADES PROFISSIONAIS	CLASSIFICAÇÃO	TEMPO DE TRABALHO MÍNIMO	OBSERVAÇÕES
1.0.0	AGENTES				
1.1.0	FÍSICOS				
1.1.1	CALOR Operações em locais com temperatura excessivamente alta, capaz de ser nociva à saúde e proveniente de fontes artificiais.		Insalubre	25 anos	Jornada normal em locais com TE acima de 28°. Artigos 165, 187 e 234, da CLT. Portaria Ministerial 30 de 7-2-58 e 262, de 6-8-62.
1.1.2	FRIO Operações em locais com temperatura excessivamente baixa, capaz de ser nociva à saúde e proveniente de fontes artificiais.	Trabalhos na indústria do frio – operadores de câmaras frigoríficas e outros.	Insalubre	25 anos	Jornada normal em locais com temperatura inferior a 12° centígrados. Arts. 165 e 187, da CLT e Portaria Ministerial 262, de 6-8-62.
1.1.3	UMIDADE Operações em locais com umidade excessiva, capaz de ser nociva à saúde e proveniente de fontes artificiais.	Trabalhos em contato direto e permanente com água – lavadores, tintureiros, operários nas salinas e outros.	Insalubre	25 anos	Jornada normal em locais com umidade excessiva. Art. 187 da CLT e Portaria Ministerial 262, de 6-8-62.
1.1.4	RADIAÇÃO Operações em locais com radiações capazes de serem nocivas à saúde – infra-vermelho, ultra-violeta, raios X, rádium e substâncias radiativas.	Trabalhos expostos a radiações para fins industriais, diagnósticos e terapêuticos – Operadores de raios-X, de rádium e substâncias radiativas, soldadores com arco elétrico e com oxiacetilênio, aeroviários de manutenção de aeronaves e motores, turbo-hélices e outros.	Insalubre	25 anos	Jornada normal ou especial fixada em lei – Lei n. 1.234 (*) de 14 de novembro de 1950; Lei n. 3.999 (*) de 15-12-61; Art. 187, da CLT; Decreto n. 1.232, de 22 de junho de 1962 e Portaria Ministerial 262, de 6 de agosto de 1962.

CÓDIGO	CAMPO DE APLICAÇÃO	SERVIÇOS E ATIVIDADES PROFISSIONAIS	CLASSIFI-CAÇÃO	TEMPO DE TRABALHO MÍNIMO	OBSERVAÇÕES
1.1.5	TREPIDAÇÃO Operações em trepidações capazes de serem nocivas à saúde.	Trepidações e vibrações industriais – Operadores de perfuratrizes e marteletes pneumáticos, e outros.	Insalubre	25 anos	Jornada normal com máquinas acionadas por ar comprimido e velocidade acima de 120 golpes por minutos. Art. 187 CLT. Portaria Ministerial 262, de 6-8-62.
1.1.6	RUÍDO Operações em locais com ruído excessivo capaz de ser nocivo à saúde.	Trepidações – sujeitos aos efeitos de ruídos industriais excessivos – caldereiros, operadores de máquinas pneumáticas, de motores – turbinas e outros.	Insalubre	25 anos	Jornada normal ou especial fixada em lei em locais com ruídos acima de 80 decibéis. Decreto n. 1.232, de 22 de junho de 1962. Portaria Ministerial 262, de 6-8-62 e art. 187 da CLT.
1.1.7	PRESSÃO Operações em locais com pressão atmosférica anormal capaz de ser nociva à saúde.	Trabalhos em ambientes com alta ou baixa pressão – escafandristas, mergulhadores, operadores em caixões ou tubulações pneumáticos e outros.	Insalubre	25 anos	Jornada normal ou especial fixada em lei – Artigos 187 e 219 CLT. Portaria Ministerial 73, de 2 de janeiro de 1960 e 262, de 6-8-62.
1.1.8	ELETRICIDADE Operações em locais com eletricidade em condições de perigo de vida.	Trabalhos permanentes em instalações ou equipamentos elétricos com riscos de acidentes – Eletricistas, cabistas, montadores e outros.	Perigoso	25 anos	Jornada normal ou especial fixada em lei em serviços expostos a tensão superior a 250 volts. Arts. 187, 195 e 196 da CLT. Portaria Ministerial 34, de 8-4-54.
1.2.0	QUÍMICOS				
1.2.1	ARSÊNICO Operações com arsênico e seus compostos.	I – Extração.	Insalubre	20 anos	Jornada normal. Art. 187 CLT. Portaria Ministerial 262, de 6-8-62.
		II – Fabricação de seus compostos e derivados – Tintas, parasiticidas e inseticidas etc.	Insalubre	20 anos	
		III – Emprego de derivados arsenicais – Pintura, galvanotécnica, depilação, empalhamento etc.	Insalubre	25 anos	

CÓDIGO	CAMPO DE APLICAÇÃO	SERVIÇOS E ATIVIDADES PROFISSIONAIS	CLASSIFI-CAÇÃO	TEMPO DE TRABALHO MÍNIMO	OBSERVAÇÕES
1.2.2	BERÍLIO Operações com berílio e seus compostos.	Trabalhos permanentes expostos a poeiras e fumos – Fundição de ligas metálicas.	Insalubre	25 anos	Jornada normal. Art. 187 CLT. Portaria Ministerial 262, de 6-8-62.
1.2.3	CÁDMIO Operações com cádmio e seus compostos.	Trabalhos permanentes expostos a poeiras e fumos – Fundição de ligas metálicas.	Insalubre	25 anos	Jornada normal. Art. 187 CLT. Portaria Ministerial 262, de 6-8-62.
1.2.4	CHUMBO Operações com chumbo, seus sais e ligas.	I – Fundição, refino, moldagens, trefiliação e laminação.	Insalubre	20 anos	Jornada normal. Art. 187 CLT. Portaria Ministerial 262, de 6-8-62.
		II – Fabricação de artefatos e de produtos de chumbo – baterias, acumuladores, tintas e etc.		25 anos	
		III – Limpeza, raspagens e demais trabalhos em tanques de gasolina contendo chumbo, tetra-etil, polimento e acabamento de ligas de chumbo etc.		25 anos	
		IV – Soldagem e dessoldagem com ligas à base de chumbo, vulcanização da borracha, tinturaria, estamparia, pintura e outros.		25 anos	
1.2.5	CROMO Operações com cromo e seus sais.	Trabalhos permanentes expostos ao tóxico – Fabricação, tanagem de couros, cromagem eletrolítica de metais e outras.	Insalubre	25 anos	Jornada normal. Art. 187 CLT. Portaria Ministerial 262, de 6-8-62.

CÓDIGO	CAMPO DE APLICAÇÃO	SERVIÇOS E ATIVIDADES PROFISSIONAIS	CLASSIFI-CAÇÃO	TEMPO DE TRABALHO MÍNIMO	OBSERVAÇÕES
1.2.6	FÓSFORO Operações com fósforo e seus compostos.	I – Extração e depuração do fósforo branco e seus compostos.	Insalubre	20 anos	Jornada normal. Art. 187 CLT. Portaria Ministerial 262, de 6-8-62.
		II – Fabricação de produtos fosforados asfixiantes, tóxicos, incendiários ou explosivos.	Insalubre Perigoso		
		III – Emprego de líquidos, pastas, pós e gases à base de fósforo branco para destruição de ratos e parasitas.	Insalubre	25 anos	
1.2.7	MANGANÊS Operações com manganês.	Trabalhos permanentes expostos a poeiras ou fumos do manganês e seus compostos (bióxido) – Metalurgia, cerâmica, indústria de vidros e outras.	Insalubre	25 anos	Jornada normal. Art. 187 CLT. Portaria Ministerial 262, de 6-8-62.
1.2.8	MERCÚRIO Operações com mercúrio, seus sais e amálgamas.	I – Extração e tratamento de amálgamas e compostos – Cloreto e fulminato de Hg.	Insalubre Perigoso	20 anos	Jornada normal. Art. 187 CLT. Portaria Ministerial 262, de 6-8-62.
		II – Emprego de amálgama e derivados, galvanoplastia, estanhagem e outros.	Insalubre	25 anos	
1.2.9	OUTROS TÓXICOS INORGÂNICOS Operações com outros tóxicos inorgânicos capazes de fazerem mal à saúde.	Trabalhos permanentes expostos poeiras, gazes, vapores, neblina e fumos de outros metais, metalóide halógenos e seus eletrólitos tóxicos – ácidos, base e sais – Relação das substâncias nocivas publicadas no Regulamento Tipo de Segurança da OIT.	Insalubre	25 anos	2.

CÓDIGO	CAMPO DE APLICAÇÃO	SERVIÇOS E ATIVIDADES PROFISSIONAIS	CLASSIFI-CAÇÃO	TEMPO DE TRABALHO MÍNIMO	OBSERVAÇÕES
1.2.10	POEIRAS MINERAIS NOCIVAS Operações industriais com desprendimento de poeiras capazes de fazerem mal à saúde – Sílica, carvão, cimento, asbesto e talco.	I – Trabalhos permanentes no subsolo em operações de corte, furação, desmonte e carregamento nas frentes de trabalho.	Insalubre Perigoso Penoso	15 anos	Jornada normal especial fixada em Lei. Arts. 187 e 293 da Portaria Ministerial, 262, de 5-1-60: 49 e 31, de 25-3-60: e 6-8-62.
		II – Trabalhos permanentes em locais de subsolo afastados das frentes de trabalho, galerias, rampas, poços, depósitos, etc ...	Insalubre Penoso	20 anos	
		III – Trabalhos permanentes a céu aberto. Corte, furação, desmonte, carregamento, britagem, classificação, carga e descarga de silos, transportadores de correias e teleféricos, moagem, calcinação, ensacamento e outras.	Insalubre	25 anos	
1.2.11	TÓXICOS ORGÂNICOS Operações executadas com derivados tóxicos do carbono – Nomenclatura Internacional. I – Hidrocarbonetos (ano, eno, ino) II – Ácidos carboxílicos (oico) III – Alcoois (ol) IV – Aldehydos (al) V – Cetona (ona) VI – Esteres (com sais em ato – ilia) VII – Éteres (óxidos – oxi) VIII – Amidas – amidos IX – Aminas – aminas X – Nitrilas e isonitrilas (nitrilas e carbilaminas) XI – Compostos organo-metálicos halogenados, metalódicos halogenados, metalóidicos e nitrados.	Trabalhos permanentes expostos às poeiras: gases, vapores, neblinas e fumos de derivados do carbono constantes da Relação Internacional das Substâncias Nocivas publicada no Regulamento Tipo de Segurança da O.I.T – Tais como: cloreto de metila, tetracloreto de carbono, tricoloroetileno, clorofórmio, bromureto de metila, nitrobenzeno, gasolina, alcoois, acetona, acetatos, pentano, metano, hexano, sulfureto de carbono, etc.	Insalubre	25 anos	Jornada normal. Art. 187 CLT. Portaria Ministerial 262, de 6-8-62.

CÓDIGO	CAMPO DE APLICAÇÃO	SERVIÇOS E ATIVIDADES PROFISSIONAIS	CLASSIFI-CAÇÃO	TEMPO DE TRABALHO MÍNIMO	OBSERVAÇÕES
1.3.0	BIOLÓGICOS				
1.3.1	CARBÚNCULO, BRUCELA MORNO E TÉTANO Operações industriais com animais ou produtos oriundos de animais infectados.	Trabalhos permanentes expostos ao contato direto com germes infecciosos – Assistência Veterinária, serviços em matadouros, cavalariças e outros.	Insalubre	25 anos	Jornada normal. Art. 187 CLT. Portaria Ministerial 262, de 6-8-62.
1.3.2	GERMES INFECCIOSOS OU PARASITÁRIOS HUMANOS – ANIMAIS Serviços de Assistência Médica, Odontológica e Hospitalar em que haja contato obrigatório com organismos doentes ou com materiais infecto-contagiantes.	Trabalhos permanentes expostos ao contato com doentes ou materiais infecto-contagiantes – assistência médico-odontológica, hospitalar e outras atividades afins.	Insalubre	25 anos	Jornada normal ou especial fixada em Lei. Lei n. 3.999, de 15-12-61. Art. 187 CLT. Portaria Ministerial 262, de 6-8-62.
2.0.0	OCUPAÇÕES				
2.1.0	LIBERAIS, TÉCNICOS, ASSEMELHADAS				
2.1.1	ENGENHARIA	Engenheiros de Construção Civil, de minas, de metalurgia, eletricistas.	Insalubre	25 anos	Jornada normal ou especial fixada em Lei. Decreto n. 46.131 (*), de 3-6-59.
2.1.2	QUÍMICA	Químicos, Toxicologistas, Podologistas.	Insalubre	25 anos	Jornada normal ou especial fixada em Lei. Decreto n. 48.285 (*), de 1960.
2.1.3	MEDICINA, ODONTOLOGIA, ENFERMAGEM	Médicos, Dentistas, Enfermeiros.	Insalubre	25 anos	Jornada normal ou especial fixada em Lei. Decreto n. 43.185 (*), de 6-2-58.
2.1.4	MAGISTÉRIO	Professores.	Penoso	25 anos	Jornada normal ou especial fixada em Lei Estadual, GB, 286; RJ, 1.870, de 25-4. Art. 318, da Consolidação das Leis do Trabalho.

CÓDIGO	CAMPO DE APLICAÇÃO	SERVIÇOS E ATIVIDADES PROFISSIONAIS	CLASSIFI-CAÇÃO	TEMPO DE TRABALHO MÍNIMO	OBSERVAÇÕES
2.2.0	AGRÍCOLAS, FLORESTAIS, AQUÁTICAS				
2.2.1	AGRICULTURA	Trabalhadores na agropecuária.	Insalubre	25 anos	Jornada normal.
2.2.2	CAÇA	Trabalhadores florestais, caçadores.	Perigoso	25 anos	Jornada normal.
2.2.3	PESCA	Pescadores	Perigoso	25 anos	Jornada normal.
2.3.0	PERFURAÇÃO, CONSTRUÇÃO CIVIL. ASSEMELHADOS				
2.3.1	ESCAVAÇÕES DE SUPERFÍCIE – POÇOS	Trabalhadores em túneis e galerias.	Insalubre Perigoso	20 anos	Jornada normal ou especial, fixada em Lei. Artigo 295. CLT
2.3.2	ESCAVAÇÕES DE SUBSOLO – TÚNEIS	Trabalhadores em escavações à céu aberto.	Insalubre	25 anos	Jornada normal.
2.3.3	EDIFÍCIOS, BARRAGENS, PONTES	Trabalhadores em edifícios, barragens, pontes, torres.	Perigoso	25 anos	Jornada normal.
2.4.0	TRANSPORTES E COMUNICAÇÕES				
2.4.1	TRANSPORTE AÉREO	Aeronautas, Aeroviários de serviços de pista e de oficinas, de manutenção, de conservação, de carga e descarga, de recepção e de despacho de aeronaves.	Perigoso	25 anos	Jornada normal ou especial, fixada em Lei. Lei n. 3.501, (*) de 21-12-58; Lei n. 2.573, (*) de 15-8-55; Decretos ns. 50.660 (*), de 26-6-61 e 1.232, de 22-6-62.
2.4.2	TRANSPORTES MARÍTIMO, FLUVIAL E LACUSTRE	Marítimos de convés de máquinas, de câmara e de saúde – Operários de construção e reparos navais.	Insalubre	25 anos	Jornada normal ou especial fixada em Lei. Art. 243 CLT. Decretos ns. 52.475 (*). de 13-9-63; 52.700 (*) de 18-10-63 e 53.514 (*), de 30-1-64.
2.4.3	TRANSPORTE FERROVIÁRIO	Maquinistas, Guarda-freios, trabalhadores da via permanente.	Insalubre	25 anos	Jornada normal ou especial fixada em Lei. Artigo 238, CLT.

CÓDIGO	CAMPO DE APLICAÇÃO	SERVIÇOS E ATIVIDADES PROFISSIONAIS	CLASSIFI-CAÇÃO	TEMPO DE TRABALHO MÍNIMO	OBSERVAÇÕES
2.4.4	TRANSPORTES RODOVIÁRIO	Motorneiros e condutores de bondes. Motoristas e cobradores de ônibus. Motoristas e ajudantes de caminhão.	Penoso	25 anos	Jornada normal.
2.4.5	TELEGRAFIA, TELEFONIA, RÁDIO COMUNICAÇÃO.	Telegrafista, telefonista, rádio operadores de telecomunicações.	Insalubre	25 anos	Jornada normal ou especial, fixada em Lei. Artigo 227 da CLT. Portaria Ministerial 20, de 6-8-62.
2.5.0	ARTESANATO E OUTRAS OCUPAÇÕES QUALIFICADAS				
2.5.1	LAVANDERIA E TINTURARIA	Lavadores, passadores, calandristas, tintureiros.	Insalubre	25 anos	Jornada normal.
2.5.2	FUNDIÇÃO, COZIMENTO, LAMINAÇÃO, TREFILAÇÃO, MOLDAGEM	Trabalhadores nas indústrias metalúrgicas, de vidro, de cerâmica e de plásticos-fundidores, laminadores, moldadores, trefiladores, forjadores.	Insalubre	25 anos	Jornada normal.
2.5.3	SOLDAGEM, GALVANIZAÇÃO, CALDERARIA	Trabalhadores nas indústrias metalúrgicas, de vidro, de cerâmica e de plásticos – soldadores, galvanizadores, chapeadores, caldeireiros.	Insalubre	25 anos	Jornada normal.
2.5.4	PINTURA	Pintores de Pistola.	Insalubre	25 anos	Jornada normal.
2.5.5	COMPOSIÇÃO TIPOGRÁFICA E MACÂNICA, LINOTIPIA, ESTEREOTIPIA, ELETROTIPIA, LITOGRAFIA E OFF-SET, FOTOGRAVURA, ROTOGRAVURA E GRAVURA, ENCADERNAÇÃO E IMPRESSÃO EM GERAL.	Trabalhadores permanentes nas indústrias poligráficas: Linotipistas, monotipistas, tipográficas, impressores, margeadores, montadores, compositores, pautadores, gravadores, granitadores, galvanotipistas, frezadores, titulistas.	Insalubre	25 anos	Jornada normal.

CÓDIGO	CAMPO DE APLICAÇÃO	SERVIÇOS E ATIVIDADES PROFISSIONAIS	CLASSIFI-CAÇÃO	TEMPO DE TRABALHO MÍNIMO	OBSERVAÇÕES
2.5.6	ESTIVA E ARMAZE-NAMENTO.	Estivadores, Arrumadores, Trabalhadores de capatazia, Consertadores, Conferentes.	Perigoso	25 anos	Jornada normal ou especial, fixada em Lei. Art. 278, CLT; item VII quadro II, do Art. 65 do Decreto n. 48.959-A (*), de 29.9.60.
2.5.7	EXTINÇÃO DE FOGO, GUARDA.	Bombeiros, Investigadores, Guardas	Perigoso	25 anos	Jornada normal.

Então, a Previdência Social resolveu fazer uma reavaliação desse *Anexo*, excluiu algumas atividades e separou os agentes nocivos das profissões e publicou, por meio do Decreto n. 83.080, de 24.01.1979 o *Anexo I* (agentes nocivos) e o *Anexo II* (profissões).

ANEXO I

Do Decreto n. 83.080, de 24.01.1979

Classificação das atividades profissionais segundo os agentes nocivos

CÓDIGO	CAMPO DE APLICAÇÃO	ATIVIDADE PROFISSIONAL (TRABALHADORES OCUPADOS EM CARÁTER PERMANENTE)	TEMPO MÍNIMO DE TRABALHO
1.0.0	AGENTES NOCIVOS		
1.1.0	FÍSICOS		
1.1.1	CALOR	Indústria metalúrgica e mecânica (atividades discriminadas nos códigos 2.5.1 e 2.5.2 do Anexo II). Fabricação de vidros e cristais (atividades discriminadas no código 2.5.5 do Anexo II). Alimentação de caldeiras a vapor a carvão ou a lenha.	25 anos
1.1.2	FRIO	Câmaras frigoríficas e fabricação de gelo.	25 anos
1.1.3	RADIAÇÕES IONIZANTES	Extração de minerais radioativos (tratamento, purificação, isolamento e preparo para distribuição). Operações com reatores nucleares com fontes de nêutrons ou de outras radiações corpusculares.	25 anos

CÓDIGO	CAMPO DE APLICAÇÃO	ATIVIDADE PROFISSIONAL (TRABALHADORES OCUPADOS EM CARÁTER PERMANENTE)	TEMPO MÍNIMO DE TRABALHO
1.1.3	RADIAÇÕES IONIZANTES	Trabalhos executados com exposições aos raios X, rádio e substâncias radioativas para fins industriais, terapêuticos e diagnósticos. Fabricação de ampolas de raios x e radioterapia (inspeção de qualidade). Fabricação e manipulação de produtos químicos e farmacêuticos radioativos (urânio, rádon, mesotório, tório x, césio 137 e outros). Fabricação e aplicação de produtos luminescentes radíferos. Pesquisas e estudos dos raios x e substâncias radioativas em laboratórios.	25 anos
1.1.4	TREPIDAÇÃO	Trabalhos com perfuratrizes e marteletes pneumáticos.	25 anos
1.1.5	RUÍDO	Calderaria (atividades discriminadas no código 2.5.2 do Anexo II). Trabalhos em usinas geradoras de eletricidade (sala de turbinas e geradores). Trabalhos com exposição permanente a ruído acima de 90 db. Operação com máquinas pneumáticas (atividades discriminadas entre as do código 2.5.3 do Anexo II). Trabalhos em cabinas de prova de motores de avião.	25 anos
1.1.6	PRESSÃO ATMOSFÉRICA	Trabalhos em caixões ou câmaras pneumáticas subaquáticas e em tubulações pneumáticos. Operação com uso de escafandro. Operação de mergulho Trabalho sob ar comprimido em túneis pressurizados.	20 anos
1.2.0	QUÍMICOS		
1.2.1	ARSÊNICO	Metalurgia de minérios arsenicais. Extração de arsênico. Fabricação de compostos de arsênico.	25 anos

CÓDIGO	CAMPO DE APLICAÇÃO	ATIVIDADE PROFISSIONAL (TRABALHADORES OCUPADOS EM CARÁTER PERMANENTE)	TEMPO MÍNIMO DE TRABALHO
1.2.1	ARSÊNICO	Fabricação de tintas à base de compostos de arsênico (atividades discriminadas no Código 2.5.6 do Anexo II). Fabricação e aplicação de produtos inseticidas, parasiticidas e raticidas à base de compostos de arsênico.	25 anos
1.2.2	BERÍLIO OU GLICÍNIO	Extração, trituração e tratamento de berílio: Fabricação de ligas de berílio e seus compostos. Fundição de ligas metálicas. Utilização do berílio ou seus compostos na fabricação de tubos fluorescentes, de ampolas de raios x e de vidros especiais.	25 anos
1.2.3	CÁDMIO	Extração, tratamento e preparação de ligas de cádmio. Fundição de ligas metálicas. Fabricação de compostos de cádmio. Solda com cádmio. Utilização de cádmio em revestimentos metálicos.	25 anos
1.2.4	CHUMBO	Extração de chumbo. Fabricação e emprego de chumbo tetraetila ou tetramatila. Fabricação de objetos e artefatos de chumbo. Fabricação de acumuladores, pilhas e baterias elétricas contendo chumbo ou compostos de chumbo. Fabricação de tintas, esmaltes e vernizes à base de compostos de chumbo (atividades discriminadas no código 2.5.6 do Anexo II). Fundição e laminação de chumbo, zinco-velho, cobre e latão. Limpeza, raspagem e reparação de tanques de mistura e armazenamento de gasolina contendo chumbo tetraetila. Metalurgia e refinação de chumbo. Vulcanização de borracha pelo litargírio ou outros compostos de chumbo.	25 anos

CÓDIGO	CAMPO DE APLICAÇÃO	ATIVIDADE PROFISSIONAL (TRABALHADORES OCUPADOS EM CARÁTER PERMANENTE)	TEMPO MÍNIMO DE TRABALHO
1.2.5	CROMO	Fabricação de ácimo crômico, de cromatos e bicromatos.	25 anos
1.2.6	FÓSFORO	Extração e preparação de fósforo branco e seus compostos. Fabricação e aplicação de produtos fosforados e organofosforados, inseticidas, parasiticidas e rativadas. Fabricação de projéteis incendiários, explosivos e gases asfixiantes à base de fósforo branco.	25 anos
1.2.7	MANGANÊS	Extração, tratamento e trituração do minério por processos manuais ou semiautomáticos. Fabricação de compostos de manganês. Fabricação de pilhas secas contendo compostos de manganês. Fabricação de vidros especiais, indústrias de cerâmica e outras operações com exposição permanente a poeiras de pirolusita ou de outros compostos de manganês.	25 anos
1.2.8	MERCÚRIO	Extração e fabricação de compostos de mercúrio. Fabricação de espoletas com fulminato de mercúrio. Fabricação de tintas à base de composto de mercúrio. Fabricação de solda à base de mercúrio. Fabricação de aparelhos de mercúrio: barômetro, manômetro, termômetro, interruptor, lâmpadas, válvulas eletrônicas, ampolas de raios x e outros. Amalgamação de zinco para fabricação de eletródios, pilhas e acumuladores. Douração e estanhagem de espelhos à base de mercúrio. Empalhamento de animais com sais de mercúrio. Recuperação de mercúrio por destilação de resíduos industriais.	25 anos

CÓDIGO	CAMPO DE APLICAÇÃO	ATIVIDADE PROFISSIONAL (TRABALHADORES OCUPADOS EM CARÁTER PERMANENTE)	TEMPO MÍNIMO DE TRABALHO
1.2.8	MERCÚRIO	Tratamento a quente das amálgamas de ouro e prata para recuperação desses metais preciosos. Secretagem de pelos, crinas e plumas, feltragem à base de compostos de mercúrio.	25 anos
1.2.9	OURO	Redução, separação e fundição do ouro	25 anos
1.2.10	HIDROCARBONETOS E OUTROS COMPOSTOS DE CARBONO	Fabricação de benzol, toluol, xilol (benzeno, tolueno e xileno). Fabricação e aplicação de inseticidas clorados derivados de hidrocarbonetos. Fabricação e aplicação de inseticidas e fungicidas derivados de ácido carbônico. Fabricação de derivados halogenados de hidrocarbonetos alifáticos: cloreto de metila, brometo de metila, clorofórmio, tetracloreto de carbono, dicloretano, tetracloretano, tricloretileno e bromofórmio. Fabricação e aplicação de inseticida à base de sulfeto de carbono. Fabricação de seda artificial (viscose). Fabricação de sulfeto de carbono. Fabricação de carbonilida. Fabricação de gás de iluminação. Fabricação de solventes para tintas, lacas e vernizes, contendo benzol, toluol e xilol.	25 anos
1.2.11	OUTROS TÓXICOS, ASSOCIAÇÃO DE AGENTES	Fabricação de flúor e ácido fluorídrico, cloro e ácido clorídrico e bromo e ácido bromídrico. Aplicação de revestimentos metálicos, eletroplastia, compreendendo: niquelagem, cromagem, douração, anodização de alumínio e outras operações assemelhadas (atividades discriminadas no código 2.5.4 do Anexo II). Pintura a pistola – associação de solventes e hidrocarbonados e partículas suspensas (atividades discriminadas entre as do código 2.5.3 do Anexo II).	25 anos

CÓDIGO	CAMPO DE APLICAÇÃO	ATIVIDADE PROFISSIONAL (TRABALHADORES OCUPADOS EM CARÁTER PERMANENTE)	TEMPO MÍNIMO DE TRABALHO
1.2.11	OUTROS TÓXICOS, ASSOCIAÇÃO DE AGENTES	Trabalhos em galerias e tanques de esgoto (monóxido de carbono, gás metano, gás sulfídrico e outros). Solda elétrica e a oxiacetileno (fumos metálicos). Indústrias têxteis: alvejadores, tintureiros, lavadores e estampadores a mão.	25 anos
1.2.12	SÍLICA, SILICATOS, CARVÃO, CIMENTO E AMIANTO	Extração de minérios (atividades discriminadas nos códigos 2.3.1 a 2.3.5 do anexo II). Extração de rochas amiantíferas (furação, corte, desmonte, trituração, peneiramento e manipulação). Extração, trituração e moagem de talco. Decapagem, limpeza de metais, foscamento de vidros com jatos de areia (atividades discriminadas entre as do código 2.5.3 do Anexo II). Fabricação de cimento. Fabricação de guarnições para freios, materiais isolantes e produtos de fibrocimento. Fabricação de material refratário para fornos, chaminés e cadinhos, recuperação de resíduos. Fabricação de mós, rebolos, saponáceos, pós e pastas para polimento de metais. Moagem e manipulação de sílica na indústria de vidros, porcelana e outros produtos cerâmicos. Mistura, cardagem, fiação e tecelagem de amianto. Trabalho em pedreiras (atividades discriminadas no código 2.3.4 do anexo II). Trabalho em construção de túneis (atividades discriminadas nos códigos 2.3.3 e 2.3.4 do Anexo II).	15, 20 ou 25 anos 25 anos 25 anos

CÓDIGO	CAMPO DE APLICAÇÃO	ATIVIDADE PROFISSIONAL (TRABALHADORES OCUPADOS EM CARÁTER PERMANENTE)	TEMPO MÍNIMO DE TRABALHO
1.3.0	BIOLÓGICOS		
1.3.1	CARBÚNCULO BRUCELA, MORMO, TUBERCULOSE E TÉTANO	Trabalhos permanentes em que haja contato com produtos de animais infectados. Trabalhos permanentes em que haja contato com carnes, vísceras, glândulas, sangue, ossos, pelos, dejeções de animais infectados (atividades discriminadas entre as do código 2.1.3 do Anexo II: médicos, veterinários, enfermeiros e técnicos de laboratório).	25 anos
1.3.2	ANIMAIS DOENTES E MATERIAIS INFECTO--CONTAGIANTES	Trabalhos permanentes expostos ao contato com animais doentes ou materiais infecto-contagiantes (atividades discriminadas entre as do código 2.1.3 do Anexo II: médicos, veterinários, enfermeiros e técnicos de laboratório).	
1.3.3	PREPARAÇÃO DE SOROS, VACINAS, E OUTROS PRODUTOS	Trabalhos permanentes em laboratórios com animais destinados ao preparo de soro, vacinas e outros produtos (atividades discriminadas entre as do código 2.1.3 do Anexo II: médicos-laboratoristas, técnicos de laboratórios, biologistas).	25 anos
1.3.4	PESSOAS DOENTES OU MATERIAIS INFECTO--CONTAGIANTES	Trabalhos em que haja contato permanente com doentes ou materiais infecto--contagiantes (atividades discriminadas entre as do código 2.1.3 do Anexo II: médicos-laboratoristas (patologistas), técnicos de laboratório, dentistas, enfermeiros).	25 anos
1.3.5	GERMES	Trabalhos nos gabinetes de autópsia, de anatomia e anátomo-histopatologia (atividades discriminadas entre as do código 2.1.3 do Anexo II: médicos-toxicologistas, técnicos de laboratório de anatomopatologia ou histopatologia, técnicos de laboratório de gabinetes de necropsia, técnicos de anatomia).	25 anos

ANEXO II
Do Decreto n. 83.080, de 24.01.1979
Classificação das Atividades Profissionais segundo os Grupos Profissionais

CÓDIGO	ATIVIDADE PROFISSIONAL	TEMPO MÍNIMO DE TRABALHO
2.0.0	GRUPOS PROFISSIONAIS	
2.1.0	PROFISSIONAIS LIBERAIS E TÉCNICOS	
2.1.1	ENGENHARIA Engenheiros-químicos. Engenheiros-metalúrgicos. Engenheiros de minas.	25 anos
2.1.2	QUÍMICA-RADIOATIVIDADE Químicos-industriais. Químicos-toxicologistas. Técnicos em laboratórios de análises. Técnicos em laboratórios químicos Técnicos em radioatividade.	25 anos
2.1.3	MEDICINA-ODONTOLOGIA-FARMÁCIA E BIOQUÍMICA-ENFERMAGEM-VETERINÁRIA Médicos (expostos aos agentes nocivos. – código 1.3.0 do Anexo I). Médicos-anatomopatologistas ou histopatologistas. Médicos-toxicologistas. Médicos-laboratoristas (patologistas). Médicos-radiologistas ou radioterapeutas. Técnicos de raio x. Técnicos de laboratório de anatomopatologia ou histopatologia. Farmacêuticos-toxicologistas e bioquímicos. Técnicos de laboratório de gabinete de necropsia. Técnicos de anatomia. Dentistas (expostos aos agentes nocivos – código 1.3.0 do Anexo I). Enfermeiros (expostos aos agentes nocivos – código 1.3.0 do Anexo I). Médicos-veterinários (expostos aos agentes nocivos – código 1.3.0 do Anexo I).	25 anos
2.2.0	PESCA	
2.2.1	PESCADORES	25 anos

CÓDIGO	ATIVIDADE PROFISSIONAL	TEMPO MÍNIMO DE TRABALHO
2.3.0	EXTRAÇÃO DE MINÉRIOS	
2.3.1	MINEIROS DE SUBSOLO (Operações de corte, furação e desmonte e atividades de manobras nos pontos de transferências de cargas e viradores e outras atividades exercidas na frente de trabalho) Perfuradores de rochas, cortadores de rochas, carregadores, britadores, cavouqueiros e choqueiros.	15 anos
2.3.2	TRABALHADORES PERMANENTES EM LOCAIS DE SUBSOLO, AFASTADOS DAS FRENTES DE TRABALHO (GALERIAS, RAMPAS, POÇOS, DEPÓSITOS) Motoristas, carregadores, condutores de vagonetas, carregadores de explosivos, encarregados do fogo (blasters), eletricistas, engatores, bombeiros, madeireiros e outros profissionais com atribuições permanentes em minas de subsolo.	20 anos
2.3.3	MINEIROS DE SUPERFÍCIE Trabalhadores no exercício de atividades de extração em minas ou depósitos minerais na superfície. Perfuradores de rochas, cortadores de rochas, carregadores, operadores de escavadeiras, motoreiros, condutores de vagonetas, britadores, carregadores de explosivos, encarregados do fogo (blasters) e outros profissionais com atribuições permanentes de extração em minas ou depósitos minerais na superfície.	25 anos
2.3.4	TRABALHADORES EM PEDREIRAS, TÚNEIS, GALERIAS Perfuradores, covouqueiros, canteiros, encarregados do fogo (blasters) e operadores de pás mecânicas.	25 anos
2.3.5	TRABALHADORES EM EXTRAÇÃO DE PETRÓLEO Trabalhadores ocupados em caráter permanente na perfuração de poços petrolíferos e na extração de petróleo.	25 anos
2.4.0	TRANSPORTES	
2.4.1	TRANSPORTE FERROVIÁRIO Maquinista de máquinas acionadas a lenha ou a carvão. Foguista:	25 anos
2.4.2	TRANSPORTE URBANO E RODOVIÁRIO Motorista de ônibus e de caminhões de cargas (ocupados em caráter permanente).	25 anos
2.4.3	TRANSPORTE AÉREO Aeronautas	25 anos

CÓDIGO	ATIVIDADE PROFISSIONAL	TEMPO MÍNIMO DE TRABALHO
2.4.4	TRANSPORTE MARÍTIMO Foguistas. Trabalhadores em casa de máquinas.	25 anos
2.4.5	TRANSPORTE MANUAL DE CARGA NA ÁREA PORTUÁRIA. Estivadores (trabalhadores ocupados em caráter permanente, em embarcações, no carregamento e descarregamento de carga). Arrumadores e ensacadores. Operadores de carga e descarga nos portos.	25 anos
2.5.0	ARTÍFICES, TRABALHADORES OCUPADOS EM DIVERSOS PROCESSOS DE PRODUÇÃO E OUTROS	
2.5.1	INDÚSTRIAS METALÚRGICAS E MECÂNICAS Aciarias, fundições de ferro e metais não ferrosos, laminações, forneiros, mãos de forno, reservas de forno, fundidores, soldadores, lingoteiros, tenazeiros, caçambeiros, amarradores, dobradores e desbastadores. Rebarbadores, esmerilhadores, marteleteiros de rebarbação. Operadores de tambores rotativos e outras máquinas de rebarbação. Operadores de máquinas para fabricação de tubos por centrifugação. Operadores de pontes rolantes ou de equipamentos para transporte de peças e caçambas com metal liquefeito, nos recintos de aciarias, fundições e laminações. Operadores nos fornos de recozimento ou de têmpera-recozedores, temperadores.	25 anos
2.5.2	FERRARIAS, ESTAMPARIAS DE METAL À QUENTE E CALDEIRARIA. Ferreiros, marteleiros, forjadores, estampadores, caldeireiros e prensadores. Operadores de forno de recozimento, de têmpera, de cementação, forneiros, recozedores, temperadores, cementadores. Operadores de pontes rolantes ou talha elétrica.	25 anos

CÓDIGO	ATIVIDADE PROFISSIONAL	TEMPO MÍNIMO DE TRABALHO
2.5.3	OPERAÇÕES DIVERSAS Operadores de máquinas pneumáticas. Rebitadores com marteletes pneumáticos. Cortadores de chapa a oxiacetileno. Esmerilhadores. Soldadores (solda elétrica e a oxiacetileno). Operadores de jatos de areia com exposição direta à poeira. Pintores a pistola (com solventes hidrocarbonados e tintas tóxicas). Foguistas.	25 anos
2.5.4	APLICAÇÃO DE REVESTIMENTOS METÁLICOS E ELETROPLASTIA Galvanizadores, niqueladores, cromadores, cobreadores, estanhadores, douradores e profissionais em trabalhos de exposição permanente nos locais.	25 anos
2.5.5	FABRICAÇÃO DE VIDROS E CRISTAIS Vidreiros, operadores de forno, forneiros, sopradores de vidros e cristais. Operadores de máquinas de fabricação de vidro plano, sacadores de vidros e cristais, operadores de máquinas de soprar vidros e outros profissionais em trabalhos permanentes nos recintos de fabricação de vidros e cristais.	25 anos
2.5.6	FABRICAÇÃO DE TINTAS, ESMALTES E VERNIZES Trituradores, moedores, operadores de máquinas moedoras, misturadores, preparadores, envasilhadores e outros profissionais em trabalhos de exposição permanente nos recintos de fabricação.	25 anos
2.5.7	PREPARAÇÃO DE COUROS Caleadores de couros. Curtidores de couros. Trabalhadores em tanagem de couros.	25 anos
2.5.8	INDÚSTRIA GRÁFICA E EDITORIAL Monotipistas, linotipistas, fundidores de monotipo, fundidores de linotipo, fundidores de estereotipia, eletrotipistas, estereotipistas, galvanotipistas, titulistas, compositores, biqueiros, chapistas, tipógrafos, caixistas, distribuidores, paginadores, emendadores, impressores, minervistas, prelistas, ludistas, litógrafos e fotogravadores.	25 anos

Por último, a Previdência Social publica o *Anexo IV* que determina quais os agentes nocivos e em que atividades eles podem vir a ser considerados para fins de aposentadoria especial.

Anexo IV
do Decreto n. 3.048, de 06.05.1999

O que determina o direito ao benefício é a exposição do trabalhador ao agente nocivo presente no ambiente de trabalho e no processo produtivo, em nível de concentração superior aos limites de tolerância estabelecidos. (Redação dada pelo Decreto n. 3.265, de 29.11.99).

O rol de agentes nocivos é exaustivo, enquanto que as atividades listadas, nas quais pode haver a exposição, é exemplificativa. (Redação dada pelo Decreto n. 3.265, de 29.11.99)

CÓDIGO	AGENTE NOCIVO	TEMPO DE EXPOSIÇÃO
1.0.0	AGENTES QUÍMICOS	
1.0.1	ARSÊNIO E SEUS COMPOSTOS	25 ANOS
	a) extração de arsênio e seus compostos tóxicos;	
	b) metalurgia de minérios arsenicais;	
	c) utilização de hidrogênio arseniado (arsina) em sínteses orgânicas e no processamento de componentes eletrônicos;	
	d) fabricação e preparação de tintas e lacas;	
	e) fabricação, preparação e aplicação de inseticidas, herbicidas, parasiticidas e raticidas com a utilização de compostos de arsênio;	
	f) produção de vidros, ligas de chumbo e medicamentos com a utilização de compostos de arsênio;	
	g) conservação e curtume de peles, tratamento e preservação da madeira com a utilização de compostos de arsênio.	
1.0.2	ASBESTOS	20 ANOS
	a) extração, processamento e manipulação de rochas amiantíferas;	
	b) fabricação de guarnições para freios, embreagens e materiais isolantes contendo asbestos;	
	c) fabricação de produtos de fibrocimento;	
	d) mistura, cardagem, fiação e tecelagem de fibras de asbestos.	
1.0.3	BENZENO E SEUS COMPOSTOS TÓXICOS	25 ANOS
	a) produção e processamento de benzeno;	
	b) utilização de benzeno como matéria-prima em sínteses orgânicas e na produção de derivados;	

CÓDIGO	AGENTE NOCIVO	TEMPO DE EXPOSIÇÃO
	c) utilização de benzeno como insumo na extração de óleos vegetais e álcoois; d) utilização de produtos que contenham benzeno, como colas, tintas, vernizes, produtos gráficos e solventes; e) produção e utilização de clorobenzenos e derivados; f) fabricação e vulcanização de artefatos de borracha; g) fabricação e recauchutagem de pneumáticos.	
1.0.4	BERÍLIO E SEUS COMPOSTOS TÓXICOS a) extração, trituração e tratamento de berílio; b) fabricação de compostos e ligas de berílio; c) fabricação de tubos fluorescentes e de ampolas de raio X; d) fabricação de queimadores e moderadores de reatores nucleares; e) fabricação de vidros e porcelanas para isolantes térmicos; f) utilização do berílio na indústria aeroespacial.	25 ANOS
1.0.5	BROMO E SEUS COMPOSTOS TÓXICOS a) fabricação e emprego do bromo e do ácido brômico.	25 ANOS
1.0.6	CÁDMIO E SEUS COMPOSTOS TÓXICOS a) extração, tratamento e preparação de ligas de cádmio; b) fabricação de compostos de cádmio; c) utilização de eletrodos de cádmio em soldas; d) utilização de cádmio no revestimento eletrolítico de metais; e) utilização de cádmio como pigmento e estabilizador na indústria do plástico; f) fabricação de eletrodos de baterias alcalinas de níquel-cádmio.	25 ANOS
1.0.7	CARVÃO MINERAL E SEUS DERIVADOS a) extração, fabricação, beneficiamento e utilização de carvão mineral, piche, alcatrão, betume e breu; b) extração, produção e utilização de óleos minerais e parafinas; c) extração e utilização de antraceno e negro de fumo; d) produção de coque.	25 ANOS
1.0.8	CHUMBO E SEUS COMPOSTOS TÓXICOS a) extração e processamento de minério de chumbo; b) metalurgia e fabricação de ligas e compostos de chumbo; c) fabricação e reformas de acumuladores elétricos;	25 ANOS

CÓDIGO	AGENTE NOCIVO	TEMPO DE EXPOSIÇÃO
	d) fabricação e emprego de chumbo-tetraetila e chumbo--tetrametila; e) fabricação de tintas, esmaltes e vernizes à base de compostos de chumbo; f) pintura com pistola empregando tintas com pigmentos de chumbo; g) fabricação de objetos e artefatos de chumbo e suas ligas; h) vulcanização da borracha pelo litargírio ou outros compostos de chumbo; i) utilização de chumbo em processos de soldagem; j) fabricação de vidro, cristal e esmalte vitrificado; l) fabricação de pérolas artificiais; m) fabricação e utilização de aditivos à base de chumbo para a indústria de plásticos.	
1.0.9	CLORO E SEUS COMPOSTOS TÓXICOS a) fabricação e emprego de defensivos organoclorados; b) fabricação e emprego de cloroetilaminas (mostardas nitrogenadas); c) fabricação e manuseio de bifenis policlorados (PCB); d) fabricação e emprego de cloreto de vinil como monômero na fabricação de policloreto de vinil (PVC) e outras resinas e como intermediário em produções químicas ou como solvente orgânico; e) fabricação de policloroprene; f) fabricação e emprego de clorofórmio (triclorometano) e de tetracloreto de carbono.	25 ANOS
1.0.10	CROMO E SEUS COMPOSTOS TÓXICOS a) fabricação, emprego industrial, manipulação de cromo, ácido crômico, cromatos e bicromatos; b) fabricação de ligas de ferro-cromo; c) revestimento eletrolítico de metais e polimento de superfícies cromadas; d) pintura com pistola utilizando tintas com pigmentos de cromo; e) soldagem de aço inoxidável.	25 ANOS
1.0.11	DISSULFETO DE CARBONO a) fabricação e utilização de dissulfeto de carbono; b) fabricação de viscose e seda artificial (raiom) ;	25 ANOS

CÓDIGO	AGENTE NOCIVO	TEMPO DE EXPOSIÇÃO
	c) fabricação e emprego de solventes, inseticidas e herbicidas contendo dissulfeto de carbono; d) fabricação de vernizes, resinas, sais de amoníaco, de tetracloreto de carbono, de vidros óticos e produtos têxteis com uso de dissulfeto de carbono.	
1.0.12	FÓSFORO E SEUS COMPOSTOS TÓXICOS a) extração e preparação de fósforo branco e seus compostos; b) fabricação e aplicação de produtos fosforados e organofosforados (sínteses orgânicas, fertilizantes e praguicidas); c) fabricação de munições e armamentos explosivos.	25 ANOS
1.0.13	IODO a) fabricação e emprego industrial do iodo.	25 ANOS
1.0.14	MANGANÊS E SEUS COMPOSTOS a) extração e beneficiamento de minérios de manganês; b) fabricação de ligas e compostos de manganês; c) fabricação de pilhas secas e acumuladores; d) preparação de permanganato de potássio e de corantes; e) fabricação de vidros especiais e cerâmicas; f) utilização de eletrodos contendo manganês; g) fabricação de tintas e fertilizantes.	25 ANOS
1.0.15	MERCÚRIO E SEUS COMPOSTOS	25 ANOS
	a) extração e utilização de mercúrio e fabricação de seus compostos; b) fabricação de espoletas com fulminato de mercúrio; c) fabricação de tintas com pigmento contendo mercúrio; d) fabricação e manutenção de aparelhos de medição e de laboratório; e) fabricação de lâmpadas, válvulas eletrônicas e ampolas de raio X; f) fabricação de minuterias, acumuladores e retificadores de corrente; g) utilização como agente catalítico e de eletrólise; h) douração, prateamento, bronzeamento e estanhagem de espelhos e metais; i) curtimento e feltragem do couro e conservação da madeira; j) recuperação do mercúrio; l) amalgamação do zinco;	

CÓDIGO	AGENTE NOCIVO	TEMPO DE EXPOSIÇÃO
	m) tratamento a quente de amálgamas de metais; n) fabricação e aplicação de fungicidas.	
1.0.16	NÍQUEL E SEUS COMPOSTOS TÓXICOS a) extração e beneficiamento do níquel; b) niquelagem de metais; c) fabricação de acumuladores de níquel-cádmio.	25 ANOS
1.0.17	PETRÓLEO, XISTO BETUMINOSO, GÁS NATURAL E SEUS DERIVADOS a) extração, processamento, beneficiamento e atividades de manutenção realizadas em unidades de extração, plantas petrolíferas e petroquímicas; b) beneficiamento e aplicação de misturas asfálticas contendo hidrocarbonetos policíclicos.	25 ANOS
1.0.18	SÍLICA LIVRE	25 ANOS
	a) extração de minérios a céu aberto; b) beneficiamento e tratamento de produtos minerais geradores de poeiras contendo sílica livre cristalizada; c) tratamento, decapagem e limpeza de metais e fosqueamento de vidros com jatos de areia; d) fabricação, processamento, aplicação e recuperação de materiais refratários; e) fabricação de mós, rebolos e de pós e pastas para polimento; f) fabricação de vidros e cerâmicas; g) construção de túneis; h) desbaste e corte a seco de materiais contendo sílica.	
1.0.19	OUTRAS SUBSTÂNCIAS QUÍMICAS	25 ANOS
	GRUPO I – estireno; butadieno-estireno; acrilonitrila; 1-3 butadieno; cloropreno; mercaptanos, n-hexano, diisocianato de tolueno (tdi); aminas aromáticas a) fabricação e vulcanização de artefatos de borracha; b) fabricação e recauchutagem de pneus.	
	GRUPO II – aminas aromáticas, aminobifenila, auramina, azatioprina, bis (cloro metil) éter, 1-4 butanodiol, dimetanosulfonato (mileran), ciclofosfamida, cloroambucil, dietilestil-bestrol,	

CÓDIGO	AGENTE NOCIVO	TEMPO DE EXPOSIÇÃO
	acronitrila, nitronaftilamina 4-dimetil-aminoazobenzeno, benzopireno, beta-propiolactona, biscloroetileter, bisclorometil, clorometileter, dianizidina, diclorobenzidina, dietilsulfato, dimetilsulfato, etilenoamina, etilenotiureia, fenacetina, iodeto de metila, etilnitrosuréias, metileno-ortocloroanilina (moca), nitrosamina, ortotoluidina, oxime-talona, procarbazina, propanosultona, 1-3-butadieno, óxido de etileno, estilbenzeno, diisocianato de tolueno (tdi), creosoto, 4-aminodifenil, benzidina, betanaftilamina, estireno, 1-cloro-2, 4 – nitrodifenil, 3-poxipro-pano a) manufatura de magenta (anilina e ortotoluidina); b) fabricação de fibras sintéticas; c) sínteses químicas; d) fabricação da borracha e espumas; e) fabricação de plásticos; f) produção de medicamentos; g) operações de preservação da madeira com creosoto; h) esterilização de materiais cirúrgicos.	
2.0.0	**AGENTES FÍSICOS** Exposição acima dos limites de tolerância especificados ou às atividades descritas.	
2.0.1	**RUÍDO** a) exposição permanente a níveis de ruído acima de 90 decibéis.	25 ANOS
2.0.2	**VIBRAÇÕES** a) trabalhos com perfuratrizes e marteletes pneumáticos.	25 ANOS
2.0.3	**RADIAÇÕES IONIZANTES**	25 ANOS
	a) extração e beneficiamento de minerais radioativos; b) atividades em minerações com exposição ao radônio; c) realização de manutenção e supervisão em unidades de extração, tratamento e beneficiamento de minerais radioativos com exposição às radiações ionizantes; d) operações com reatores nucleares ou com fontes radioativas; e) trabalhos realizados com exposição aos raios Alfa, Beta, Gama e X, aos nêutrons e às substâncias radioativas para fins industriais, terapêuticos e diagnósticos; f) fabricação e manipulação de produtos radioativos;	

CÓDIGO	AGENTE NOCIVO	TEMPO DE EXPOSIÇÃO
	g) pesquisas e estudos com radiações ionizantes em laboratórios.	
2.0.4	TEMPERATURAS ANORMAIS a) trabalhos com exposição ao calor acima dos limites de tolerância estabelecidos na NR-15, da Portaria no 3.214/78.	25 ANOS
2.0.5	PRESSÃO ATMOSFÉRICA ANORMAL a) trabalhos em caixões ou câmaras hiperbáricas; b) trabalhos em tubulões ou túneis sob ar comprimido; c) operações de mergulho com o uso de escafandros ou outros equipamentos.	25 ANOS
3.0.0	BIOLÓGICOS Exposição aos agentes citados unicamente nas atividades relacionadas.	
3.0.1	MICROORGANISMOS E PARASITAS INFECCIOSOS VIVOS E SUAS TOXINAS a) trabalhos em estabelecimentos de saúde em contato com pacientes portadores de doenças infecto-contagiosas ou com manuseio de materiais contaminados; b) trabalhos com animais infectados para tratamento ou para o preparo de soro, vacinas e outros produtos; c) trabalhos em laboratórios de autópsia, de anatomia e anátomo-histologia; d) trabalho de exumação de corpos e manipulação de resíduos de animais deteriorados; e) trabalhos em galerias, fossas e tanques de esgoto; f) esvaziamento de biodigestores; g) coleta e industrialização do lixo.	25 ANOS
4.0.0	ASSOCIAÇÃO DE AGENTES Exposição aos agentes combinados exclusivamente nas atividades especificadas.	
4.0.1	FÍSICOS, QUÍMICOS E BIOLÓGICOS a) mineração subterrânea cujas atividades sejam exercidas afastadas das frentes de produção.	20 ANOS
4.0.2	FÍSICOS, QUÍMICOS E BIOLÓGICOS a) trabalhos em atividades permanentes no subsolo de minerações subterrâneas em frente de produção.	15 ANOS

PPP – PERFIL PROFISSIOGRÁFICO PREVIDENCIÁRIO

É o documento que retrata as atividades executadas pelo empregado a serviço da empresa, refletindo a realidade desse relacionamento. Tudo começou em 1999...

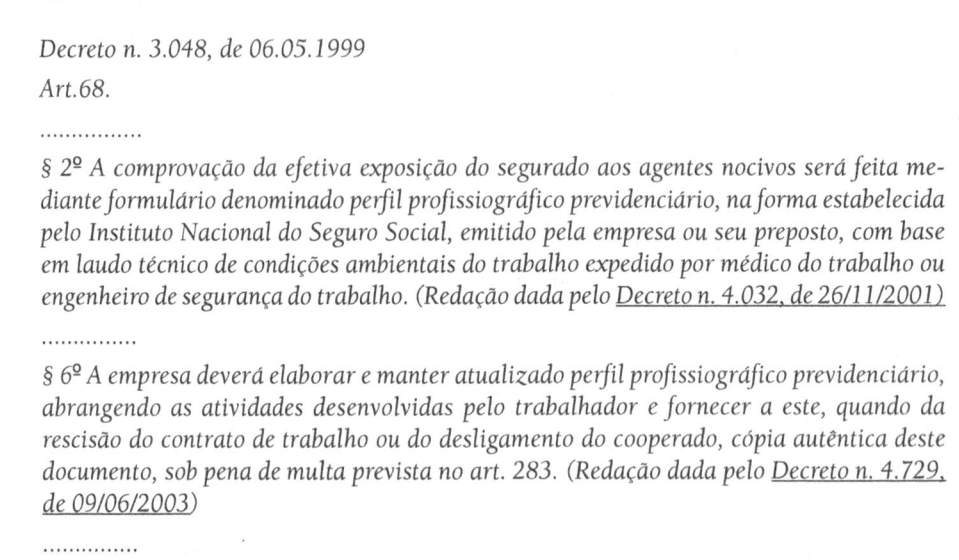

Decreto n. 3.048, de 06.05.1999

Art.68.

....

§ 2º A comprovação da efetiva exposição do segurado aos agentes nocivos será feita mediante formulário denominado perfil profissiográfico previdenciário, na forma estabelecida pelo Instituto Nacional do Seguro Social, emitido pela empresa ou seu preposto, com base em laudo técnico de condições ambientais do trabalho expedido por médico do trabalho ou engenheiro de segurança do trabalho. (Redação dada pelo Decreto n. 4.032, de 26/11/2001)

....

§ 6º A empresa deverá elaborar e manter atualizado perfil profissiográfico previdenciário, abrangendo as atividades desenvolvidas pelo trabalhador e fornecer a este, quando da rescisão do contrato de trabalho ou do desligamento do cooperado, cópia autêntica deste documento, sob pena de multa prevista no art. 283. (Redação dada pelo Decreto n. 4.729, de 09/06/2003)

....

§ 8º Considera-se perfil profissiográfico previdenciário, para os efeitos do § 6º, o documento histórico-laboral do trabalhador, segundo modelo intituído pelo Instituto Nacional do Seguro Social, que, entre outras informações, deve conter registros ambientais, resultados de monitoração biológica e dados administrativos. (Parágrafo acrescentado pelo Decreto n. 4.032, de 26/11/2001)

Passou a ser obrigatória a sua emissão pela empresa a partir de 01.01.2004. A melhor definição deste objeto é dada a seguir:

Instrução Normativa INSS/Pres n. 20/2007 (alterada pela Instrução Normativa Inss/Pres n. 29, de 04 de junho de 2008.)

Art. 177. O PPP tem como finalidade:

I – comprovar as condições para habilitação de benefícios e serviços previdenciários, principalmente a Aposentadoria Especial;

II – prover o trabalhador de meios de prova produzidos pelo empregador perante a Previdência Social, (...), de forma a garantir todo direito decorrente da relação de trabalho, seja ele individual, ou difuso e coletivo;

III – prover a empresa de meios de prova produzidos em tempo real, de modo a organizar e a individualizar as informações contidas em seus diversos setores ao longo dos anos, possibilitando que a empresa evite ações judiciais indevidas relativas a seus trabalhadores;

IV – possibilitar aos administradores públicos e privados acesso a bases de informações fidedignas, como fonte primária de informação estatística, para desenvolvimento de vigilância sanitária e epidemiológica, bem como definição de políticas em saúde coletiva.

Art. 178. A partir de 1º de janeiro de 2004, a empresa (...) deverá elaborar o PPP, (...) de forma individualizada para seus empregados, trabalhadores avulsos e cooperados, que laborem expostos a agentes nocivos químicos, físicos, biológicos ou associação de agentes prejudiciais à saúde ou à integridade física, considerados para fins de concessão de aposentadoria especial, ainda que não presentes os requisitos para a concessão desse benefício, seja pela eficácia dos equipamentos de proteção, coletivos ou individuais, seja por não se caracterizar a permanência.

....

§ 2º Após a implantação do PPP em meio magnético pela Previdência Social, este documento será exigido para todos os segurados, independentemente do ramo de atividade da empresa e da exposição a agentes nocivos, e deverá abranger também informações relativas aos fatores de risco ergonômicos e mecânicos.

§ 3º A empresa ou equiparada à empresa deve elaborar, manter atualizado o PPP para os segurados referidos no caput, bem como fornecer a estes, quando da rescisão do contrato de trabalho ou da desfiliação da cooperativa, sindicato ou Órgão Gestor de Mão de Obra- -OGMO, conforme o caso, cópia autêntica desse documento.

§ 4º O PPP deverá ser emitido

– pela empresa empregadora, no caso de empregado;

– pela cooperativa de trabalho ou de produção, no caso de cooperado filiado;

– pelo OGMO, no caso de trabalhador avulso portuário e

– pelo sindicato da categoria, no caso de trabalhador avulso não portuário.

....

§ 8º O PPP será impresso nas seguintes situações:

I – por ocasião da rescisão do contrato de trabalho ou da desfiliação da cooperativa, sindicato ou OGMO, em duas vias, com fornecimento de uma das vias para o trabalhador, mediante recibo;

II – sempre que solicitado pelo trabalhador, para fins de requerimento de reconhecimento de períodos laborados em condições especiais;

III – para fins de análise de benefícios por incapacidade, a partir de 1º de janeiro de 2004, quando solicitado pelo INSS;

IV – para simples conferência por parte do trabalhador, pelo menos uma vez ao ano, quando da avaliação global anual do Programa de Prevenção de Riscos Ambientais – PPRA, até que seja implantado o PPP em meio magnético pela Previdência Social; e

V – quando solicitado pelas autoridades competentes.

Alterações efetuadas pela <u>INSTRUÇÃO NORMATIVA INSS/PRES N. 29, DE 04 DE JUNHO DE 2008 – REPUBLICADA</u>

....

§ 14. O PPP substitui todos os formulário anteriores(SB-40, DSS-8030 ou DIRBEN-8030) para comprovação da efetiva exposição dos segurados aos agentes nocivos para fins de requerimento da aposentadoria especial, a partir de 1º de janeiro de 2004, conforme determinado pelo <u>parágrafo 2º do art. 68 do RPS, aprovado pelo Decreto n. 3.048/1999</u> *e alterado pelo* <u>Decreto n. 4.032, de 2001</u>

Art. 179. ....

§ 4º As metodologias e os procedimentos de avaliação que foram alterados por esta IN somente serão exigidos para as avaliações realizadas a partir de 1º de janeiro de 2004, sendo facultado à empresa a sua utilização antes desta data.

§ 5º Será considerada a adoção de Equipamento de Proteção Coletiva-EPC, que elimine ou neutralize a nocividade, desde que asseguradas as condições de funcionamento do EPC ao longo do tempo, conforme especificação técnica do fabricante e respectivo plano de manutenção, estando essas devidamente registradas pela empresa. (Alterado pela INSTRUÇÃO NORMATIVA INSS/PRES N. 27, DE 30 DE ABRIL DE 2008)

§ 6º Somente será considerada a adoção de Equipamento de Proteção Individual – EPI, em demonstrações ambientais emitidas a partir de 3 de dezembro de 1998, e desde que comprovadamente elimine ou neutralize a nocividade e desde que respeitado o disposto na NR-06 do MTE e assegurada e devidamente registrada pela empresa, no PPP, a observância:

I – da hierarquia estabelecida no item 9.3.5.4 da NR-09 do MTE (medidas de proteção coletiva, medidas de caráter administrativo ou de organização do trabalho e utilização de EPI, nesta ordem, admitindo-se a utilização de EPI somente em situações de inviabilidade técnica, insuficiência ou interinidade à implementação do EPC ou, ainda, em caráter complementar ou emergencial)

II – das condições de funcionamento e do uso ininterrupto do EPI ao longo do tempo, conforme especificação técnica do fabricante, ajustada às condições de campo;

III – do prazo de validade, conforme Certificado de Aprovação do MTE;

IV – da periodicidade de troca definida pelos programas ambientais, comprovada mediante recibo assinado pelo usuário em época própria;

V – da higienização. (Incluído pela INSTRUÇÃO NORMATIVA INSS/PRES N. 27, DE 30 DE ABRIL DE 2008)

A seguir, apresentamos o modelo instituído pela Previdência Social para o PPP:

ANEXO XV
INSTRUÇÃO NORMATIVA/INSS/PRES N. 20, DE 10 DE OUTUBRO DE 2007
PERFIL PROFISSIOGRÁFICO PREVIDENCIÁRIO – PPP

1-SEÇÃO DE DADOS ADMINISTRATIVOS						
1-CNPJ do Domicílio Tributário/CEI:			2-Nome Empresarial:		3-CNAE:	
4-Nome do Trabalhador			5-BR/PDH	6-NIT		
7-Data do Nasc.	8-Sexo (F/M)	9-CTPS (Nº, Série e UF)		10-Data de Admissão	11-Regime Revezamento	
12-CAT REGISTRADA						
12.1 Data do Registro		12.2 Número da CAT		12.1 Data do Registro	12.2 Número da CAT	
13-LOTAÇÃO E ATRIBUIÇÃO						
13.1 Período	13.2 CNPJ/CEI	13.3 Setor	13.4 Cargo	13.5 Função	13.6 CBO	13.7 Cód. GFIP
_/_/_ a _/_/_						
_/_/_ a _/_/_						

14–PROFISSIOGRAFIA	
14.1 Período	14.2 Descrição das Atividades
_/_/_ a _/_/_	
_/_/_ a _/_/_	

II-SEÇÃO DE REGISTROS AMBIENTAIS

15-EXPOSIÇÃO A FATORES DE RISCOS

15.1 Período	15.2 Tipo	15.3 Fator de Risco	15.4 Itens./ Conc	15.5 Técnica Utilizada	15.6 EPC Eficaz (S/N)	15.7 EPI Eficaz (S/N)	15.8 CA EPI
_/_/_ a _/_/_							
_/_/_ a _/_/_							

	(S/N)
15.9 Atendimento aos requisitos das NR-06 e NR-09 do MTE pelos EPI informados	
Foi tentada a implementação de medidas de proteção coletiva, de caráter administrativo ou de organização do trabalho, optando-se pelo EPI por inviabilidade técnica, insuficiência ou interinidade, ou ainda em caráter complementar ou emergencial.	
Foram observadas as condições de funcionamento e do uso ininterrupto do EPI ao longo do tempo, conforme especificação técnica do fabricante, ajustada às condições de campo.	
Foi observado o prazo de validade, conforme Certificado de Aprovação -CA do MTE.	
Foi observada a periodicidade de troca definida pelos programas ambientais, comprovada mediante recibo assinado pelo usuário em época própria.	
Foi observada a higienização.	

16-RESPONSÁVEL PELOS REGISTROS AMBIENTAIS

16.1 Período	16.2 NIT	16.3 Registro Conselho de Classe	16.4 Nome do Profissional Legalmente Habilitado
_/_/_ a _/_/_			
_/_/_ a _/_/_			

III-SEÇÃO DE RESULTADOS DE MONITORAÇÃO BIOLÓGICA

17-EXAMES MÉDICOS CLÍNICOS E COMPLEMENTARES (Quadros I e II, da NR-07)

17.1 Data	17.2 Tipo	17.3 Natureza	17.4 Exame (R/S)	17.5 Indicação de Resultados
_/_/_			( ) Normal	( ) Alterado ( ) Estável ( ) Agravamento ( ) Ocupacional ( ) Não Ocupacional
_/_/_			( ) Normal	( ) Alterado ( ) Estável ( ) Agravamento ( ) Ocupacional ( ) Não Ocupacional

18-RESPONSÁVEL PELA MONITORAÇÃO BIOLÓGICA

18.1 Período	18.2 NIT	18.3 Registro Conselho de Classe	18.4 Nome do Profissional Legalmente Habilitado
_/_/_			
_/_/_			

V-RESPONSÁVEIS PELAS INFORMAÇÕES

Declaramos, para todos os fins de direito, que as informações prestadas neste documento são verídicas e foram transcritas fielmente dos registros administrativos, das demonstrações ambientais e dos programas médicos de responsabilidade da empresa. É de nosso conhecimento que a prestação de informações falsas neste documento constitui crime de falsificação de documento público, nos termos do artigo 297 do Código Penal e, também, que tais informações são de caráter privativo do trabalhador, constituindo crime, nos termos da Lei nº 9.029/95, práticas discriminatórias decorrentes de sua exigibilidade por outrem, bem como de sua divulgação para terceiros, ressalvado quando exigida pelos órgãos públicos competentes.

19-Data Emissão PPP	20-REPRESENTANTE LEGAL DA EMPRESA	
___/___/___	20.1 NIT	20.2 Nome
	(Carimbo)	_____ (Assinatura)

OBSERVAÇÕES

INSTRUÇÕES DE PREENCHIMENTO		
CAMPO	DESCRIÇÃO	INSTRUÇÃO DE PREENCHIMENTO
	SEÇÃO I	SEÇÃO DE DADOS ADMINISTRATIVOS
1	CNPJ do Domicílio Tributário/CEI	CNPJ relativo ao estabelecimento escolhido como domicílio tributário, nos termos do art. 127 do CTN, no formato XXXXXXXX/XXXX-XX; ou Matrícula no Cadastro Específico do INSS (Matrícula CEI) relativa à obra realizada por Contribuinte Individual ou ao estabelecimento escolhido como domicílio tributário que não possua CNPJ, no formato XX.XXX.XXXXX/XX, ambos compostos por caracteres numéricos.
2	Nome Empresarial	Até 40 (quarenta) caracteres alfanuméricos.
3	CNAE	Classificação Nacional de Atividades Econômicas da empresa, completo, com 7 (sete) caracteres numéricos, no formato XXXXXX-X, instituído pelo IBGE através da Resolução CONCLA n. 07, de 16/12/2002. A tabela de códigos CNAE – Fiscal pode ser consultada na Internet, no *site* www.cnae.ibge.gov.br.
4	Nome Trabalhador	Até 40 (quarenta) caracteres alfabéticos.
5	BR/PDH	BR – Beneficiário Reabilitado; PDH – Portador de Deficiência Habilitado; NA – Não Aplicável. Preencher com base no art. 93, da Lei n. 8.213, de 1991, que estabelece a obrigatoriedade do preenchimento dos cargos de empresas com 100 (cem) ou mais empregados com beneficiários reabilitados ou pessoas portadoras de deficiência, habilitadas, na seguinte proporção: I – até 200 empregados............2%; II – de 201 a 500......................3%; III – de 501 a 1.000..................4%; IV – de 1.001 em diante. ....5%.

\multicolumn{3}{c}{INSTRUÇÕES DE PREENCHIMENTO}
CAMPO	DESCRIÇÃO	INSTRUÇÃO DE PREENCHIMENTO
6	NIT	Número de Identificação do Trabalhador com 11 (onze) caracteres numéricos, no formato XXX.XXXXX.XX-X. O NIT corresponde ao número do PIS/PASEP/CI sendo que, no caso de Contribuinte Individual (CI), pode ser utilizado o número de inscrição no Sistema Único de Saúde (SUS) ou na Previdência Social.
7	Data do Nascimento	No formato DD/MM/AAAA.
8	Sexo (F/M)	F – Feminino; M – Masculino.
9	CTPS (N., Série e UF)	Número, com 7 (sete) caracteres numéricos, Série, com 5 (cinco) caracteres numéricos e UF, com 2 (dois) caracteres alfabéticos, da Carteira de Trabalho e Previdência Social.
10	Data de Admissão	No formato DD/MM/AAAA.
11	Regime de Revezamento	Regime de Revezamento de trabalho, para trabalhos em turnos ou escala, especificando tempo trabalhado e tempo de descanso, com até 15 (quinze) caracteres alfanuméricos. Exemplo: 24 x 72 horas; 14 x 21 dias; 2 x 1 meses. Se inexistente, preencher com NA – Não Aplicável.
12	CAT REGISTRADA	Informações sobre as Comunicações de Acidente do Trabalho registradas pela empresa na Previdência Social, nos termos do art. 22 da Lei n. 8.213, de 1991, do art. 169 da CLT, do art. 336 do RPS, aprovado pelo Dec. n. 3.048, de 1999, do item 7.4.8, alínea "a" da NR-07 do MTE e dos itens 4.3.1 e 6.1.2 do Anexo 13-A da NR-15 do MTE, disciplinado pela Portaria MPAS n. 5.051, de 1999, que aprova o Manual de Instruções para Preenchimento da CAT.
12.1	Data do Registro	No formato DD/MM/AAAA.
12.2	Número da CAT	Com 13 (treze) caracteres numéricos, com formato XXXXXXXXXX-X/XX. Os dois últimos caracteres correspondem a um número sequencial relativo ao mesmo acidente, identificado por NIT, CNPJ e data do acidente.
13	LOTAÇÃO E ATRIBUIÇÃO	Informações sobre o histórico de lotação e atribuições do trabalhador, por período. A alteração de qualquer um dos campos – 13.2 a 13.7 – implica, obrigatoriamente, a criação de nova linha, com discriminação do período, repetindo as informações que não foram alteradas.
13.1	Período	Data de início e data de fim do período, ambas no formato DD/MM/AAAA. No caso de trabalhador ativo, a data de fim do último período não deverá ser preenchida.

INSTRUÇÕES DE PREENCHIMENTO		
CAMPO	DESCRIÇÃO	INSTRUÇÃO DE PREENCHIMENTO
13.2	CNPJ/CEI	Local onde efetivamente o trabalhador exerce suas atividades. Deverá ser informado o CNPJ do estabelecimento de lotação do trabalhador ou da empresa tomadora de serviços, no formato XXXXXXXX/XXXX-XX; ou Matrícula CEI da obra ou do estabelecimento que não possua CNPJ, no formato XX.XXX.XXXXX/XX, ambos compostos por caracteres numéricos.
13.3	Setor	Lugar administrativo na estrutura organizacional da empresa, onde o trabalhador exerce suas atividades laborais, com até 15 (quinze) caracteres alfanuméricos.
13.4	Cargo	Cargo do trabalhador, constante na CTPS, se empregado ou trabalhador avulso, ou constante no Recibo de Produção e Livro de Matrícula, se cooperado, com até 30 (trinta) caracteres alfanuméricos.
13.5	Função	Lugar administrativo na estrutura organizacional da empresa, onde o trabalhador tenha atribuição de comando, chefia, coordenação, supervisão ou gerência. Quando inexistente a função, preencher com NA – Não Aplicável, com até 30 (trinta) caracteres alfanuméricos.
13.6	CBO	Classificação Brasileira de Ocupação vigente à época, com 6 (seis) caracteres numéricos: 1- No caso de utilização da tabela CBO relativa a 1994, utilizar a CBO completa com 5 (cinco) caracteres, completando com "0" (zero) a primeira posição; 2- No caso de utilização da tabela CBO relativa a 2002, utilizar a CBO completa com 6 (seis) caracteres. Alternativamente, pode ser utilizada a CBO, com 5 (cinco) caracteres numéricos, conforme Manual da GFIP para usuários do SEFIP, publicado por Instrução Normativa da Diretoria Colegiada do INSS: 1- No caso de utilização da tabela CBO relativa a 1994, utilizar a CBO completa com 5 (cinco) caracteres; 2- No caso de utilização da tabela CBO relativa a 2002, utilizar a família do CBO com 4 (quatro) caracteres, completando com "0" (zero) a primeira posição. A tabela de CBO pode ser consultada na Internet, no site www.mtecbo.gov.br. OBS: Após a alteração da GFIP, somente será aceita a CBO completa, com 6 (seis) caracteres numéricos, conforme a nova tabela CBO relativa a 2002.
13.7	Código Ocorrência da GFIP	Código Ocorrência da GFIP para o trabalhador, com 2 (dois) caracteres numéricos, conforme Manual da GFIP para usuários do SEFIP, publicado por Instrução Normativa da Diretoria Colegiada do INSS.

		INSTRUÇÕES DE PREENCHIMENTO
CAMPO	DESCRIÇÃO	INSTRUÇÃO DE PREENCHIMENTO
14	PROFISSIOGRAFIA	Informações sobre a profissiografia do trabalhador, por período. A alteração do campo 14.2 implica, obrigatoriamente, a criação de nova linha, com discriminação do período.
14.1	Período	Data de início e data de fim do período, ambas no formato DD/MM/AAAA. No caso de trabalhador ativo, a data de fim do último período não deverá ser preenchida.
14.2	Descrição das Atividades	Descrição das atividades, físicas ou mentais, realizadas pelo trabalhador, por força do poder de comando a que se submete, com até 400 (quatrocentos) caracteres alfanuméricos. As atividades deverão ser descritas com exatidão, e de forma sucinta, com a utilização de verbos no infinitivo impessoal.
	SEÇÃO II	SEÇÃO DE REGISTROS AMBIENTAIS
15	EXPOSIÇÃO A FATORES DE RISCOS	Informações sobre a exposição do trabalhador a fatores de riscos ambientais, por período, ainda que estejam neutralizados, atenuados ou exista proteção eficaz. Facultativamente, também poderão ser indicados os fatores de risco ergonômicos e mecânicos. A alteração de qualquer um dos campos – 15.2 a 15.8 – implica, obrigatoriamente, a criação de nova linha, com discriminação do período, repetindo as informações que não foram alteradas. OBS.: Após a implantação da migração dos dados do PPP em meio magnético pela Previdência Social, as informações relativas aos fatores de risco ergonômicos e mecânicos passarão a ser obrigatórias.
15.1	Período	Data de início e data de fim do período, ambas no formato DD/MM/AAAA. No caso de trabalhador ativo, a data de fim do último período não deverá ser preenchida.
15.2	Tipo	F – Físico; Q – Químico; B – Biológico; E – Ergonômico/Psicossocial, M – Mecânico/de Acidente, conforme classificação adotada pelo Ministério da Saúde, em "Doenças Relacionadas ao Trabalho: Manual de Procedimentos para os Serviços de Saúde", de 2001. A indicação do Tipo "E" e "M" é facultativa. O que determina a associação de agentes é a superposição de períodos com fatores de risco diferentes.

INSTRUÇÕES DE PREENCHIMENTO		
CAMPO	DESCRIÇÃO	INSTRUÇÃO DE PREENCHIMENTO
15.3	Fator de Risco	Descrição do fator de risco, com até 40 (quarenta) caracteres alfanuméricos. Em se tratando do Tipo "Q", deverá ser informado o nome da substância ativa, não sendo aceitas citações de nomes comerciais.
15.4	Intensidade / Concentração	Intensidade ou Concentração, dependendo do tipo de agente, com até 15 (quinze) caracteres alfanuméricos. Caso o fator de risco não seja passível de mensuração, preencher com NA – Não Aplicável.
15.5	Técnica Utilizada	Técnica utilizada para apuração do item 15.4, com até 40 (quarenta) caracteres alfanuméricos. Caso o fator de risco não seja passível de mensuração, preencher com NA – Não Aplicável.
15.6	EPC Eficaz (S/N)	S – Sim; N – Não, considerando se houve ou não a eliminação ou a neutralização, com base no informado nos itens 15.2 a 15.5, asseguradas as condições de funcionamento do EPC ao longo do tempo, conforme especificação técnica do fabricante e respectivo plano de manutenção.
15.7	EPI Eficaz (S/N)	S – Sim; N – Não, considerando se houve ou não a atenuação, com base no informado nos itens 15.2 a 15.5, observado o disposto na NR-06 do MTE, assegurada a observância: 1- da hierarquia estabelecida no item 9.3.5.4 da NR-09 do MTE (medidas de proteção coletiva, medidas de caráter administrativo ou de organização do trabalho e utilização de EPI, nesta ordem, admitindo-se a utilização de EPI somente em situações de inviabilidade técnica, insuficiência ou interinidade à implementação do EPC, ou ainda em caráter complementar ou emergencial); 2- das condições de funcionamento do EPI ao longo do tempo, conforme especificação técnica do fabricante ajustada às condições de campo; 3- do prazo de validade, conforme Certificado de Aprovação do MTE; 4- da periodicidade de troca definida pelos programas ambientais, devendo esta ser comprovada mediante recibo; e 5- dos meios de higienização.

\multicolumn{3}{	c	}{INSTRUÇÕES DE PREENCHIMENTO}
CAMPO	DESCRIÇÃO	INSTRUÇÃO DE PREENCHIMENTO
15.8	C.A. EPI	Número do Certificado de Aprovação do MTE para o Equipamento de Proteção Individual referido no campo 15.7, com 5 (cinco) caracteres numéricos. Caso não seja utilizado EPI, preencher com NA – Não Aplicável.
16	RESPONSÁVEL PELOS REGISTROS AMBIENTAIS	Informações sobre os responsáveis pelos registros ambientais, por período.
16.1	Período	Data de início e data de fim do período, ambas no formato DD/MM/AAAA. No caso de trabalhador ativo sem alteração do responsável, a data de fim do último período não deverá ser preenchida.
16.2	NIT	Número de Identificação do Trabalhador com 11 (onze) caracteres numéricos, no formato XXX.XXXXX.XX-X. O NIT corresponde ao número do PIS/PASEP/CI sendo que, no caso de Contribuinte Individual (CI), pode ser utilizado o número de inscrição no Sistema Único de Saúde (SUS) ou na Previdência Social.
16.3	Registro Conselho de Classe	Número do registro profissional no Conselho de Classe, com 9 (nove) caracteres alfanuméricos, no formato XXXXXX-X/XX ou XXXXXXX/XX. A parte "-X" corresponde à D – Definitivo ou P – Provisório. A parte "/XX" deve ser preenchida com a UF, com 2 (dois) caracteres alfabéticos. A parte numérica deverá ser completada com zeros à esquerda.
16.4	Nome do Profissional Legalmente Habilitado	Até 40 (quarenta) caracteres alfabéticos.
	SEÇÃO III	SEÇÃO DE RESULTADOS DE MONITORAÇÃO BIOLÓGICA
17	EXAMES MÉDICOS CLÍNICOS E COMPLEMENTARES	Informações sobre os exames médicos obrigatórios, clínicos e complementares, realizados para o trabalhador, constantes nos Quadros I e II, da NR-07 do MTE.
17.1	Data	No formato DD/MM/AAAA.
17.2	Tipo	A – Admissional; P – Periódico; R – Retorno ao Trabalho; M – Mudança de Função; D – Demissional.

INSTRUÇÕES DE PREENCHIMENTO		
CAMPO	DESCRIÇÃO	INSTRUÇÃO DE PREENCHIMENTO
17.3	Natureza	Natureza do exame realizado, com até 50 (cinquenta) caracteres alfanuméricos. No caso dos exames relacionados no Quadro I da NR-07, do MTE, deverá ser especificada a análise realizada, além do material biológico coletado.
17.4	Exame (R/S)	R – Referencial; S – Sequencial.
17.5	Indicação de Resultados	Preencher Normal ou Alterado. Só deve ser preenchido Estável ou Agravamento no caso de Alterado em exame Sequencial. Só deve ser preenchido Ocupacional ou Não Ocupacional no caso de Agravamento. OBS: No caso de Natureza do Exame "Audiometria", a alteração unilateral poderá ser classificada como ocupacional, apesar de a maioria das alterações ocupacionais serem constatadas bilateralmente.
18	RESPONSÁVEL PELA MONITORAÇÃO BIOLÓGICA	Informações sobre os responsáveis pela monitoração biológica, por período.
18.1	Período	Data de início e data de fim do período, ambas no formato DD/MM/AAAA. No caso de trabalhador ativo sem alteração do responsável, a data de fim do último período não deverá ser preenchida.
18.2	NIT	Número de Identificação do Trabalhador com 11 (onze) caracteres numéricos, no formato XXX.XXXXX.XX-X. O NIT corresponde ao número do PIS/PASEP/CI sendo que, no caso de Contribuinte Individual (CI), pode ser utilizado o número de inscrição no Sistema Único de Saúde (SUS) ou na Previdência Social.
18.3	Registro Conselho de Classe	Número do registro profissional no Conselho de Classe, com 9 (nove) caracteres alfanuméricos, no formato XXXXXX-X/XX ou XXXXXXX/XX. A parte "-X" corresponde à D – Definitivo ou P – Provisório. A parte "/XX" deve ser preenchida com a UF, com 2 (dois) caracteres alfabéticos. A parte numérica deverá ser completada com zeros à esquerda.
18.4	Nome do Profissional Legalmente Habilitado	Até 40 (quarenta) caracteres alfabéticos.

INSTRUÇÕES DE PREENCHIMENTO		
CAMPO	DESCRIÇÃO	INSTRUÇÃO DE PREENCHIMENTO
	SEÇÃO IV	RESPONSÁVEIS PELAS INFORMAÇÕES
19	Data de Emissão do PPP	Data em que o PPP é impresso e assinado pelos responsáveis, no formato DD/MM/AAAA.
20	REPRESENTANTE LEGAL DA EMPRESA	Informações sobre o Representante Legal da empresa, com poderes específicos outorgados por procuração.
20.1	NIT	Número de Identificação do Trabalhador com 11 (onze) caracteres numéricos, no formato XXX.XXXXX.XX-X. O NIT corresponde ao número do PIS/PASEP/CI sendo que, no caso de contribuinte individual (CI), pode ser utilizado o número de inscrição no Sistema Único de Saúde (SUS) ou na Previdência Social.
20.2	Nome	Até 40 caracteres alfabéticos.
	Carimbo e Assinatura	Carimbo da Empresa e Assinatura do Representante Legal.
		OBSERVAÇÕES
		Devem ser incluídas neste campo, informações necessárias à análise do PPP, bem como facilitadoras do requerimento do benefício, como, por exemplo, esclarecimento sobre alteração de razão social da empresa, no caso de sucessora ou indicador de empresa pertencente a grupo econômico.
OBS: É facultada a inclusão de informações complementares ou adicionais ao PPP.		

ATENÇÃO: Conforme Resolução CFM – Conselho Federal de Medicina n. 1.715 de 2004, as empresas não são obrigadas a preencher a SEÇÃO III.

FORMULÁRIOS ANTERIORES AO PPP

Antes da instituição do PPP, existiam outros documentos que comprovavam a exposição aos agentes nocivos. Eram eles o SB-40, o DSS-8030 e o DIRBEN-8030. Esses documentos são válidos e aceitos pela Previdência Social desde que a data de expedição dos mesmos seja anterior a 01.01.2004. Era um documento menos completo. Veja o modelo:

INFORMAÇÕES SOBRE ATIVIDADES EXERCIDAS EM CONDIÇÕES ESPECIAIS

1	Nome da empresa:	Ramos de atividade que explora:	
	Endereço:		
	Nome do Segurado:		CP/CTPS:
	Denominação da atividade profissional do segurado:	Setor onde exerce atividade de trabalho:	
	Duração da jornada de trabalho:	Período da atividade:	
2	Localização e descrição do setor onde trabalha:		
3	Atividades que executa:		
4	Agentes nocivos:		
5	No caso de exposição a agente nocivo, a empresa possui laudo pericial: SIM / NÃO		
6	Informar se a atividade exercida com exposição a agentes nocivos ocorre de modo habitual e permanente, não ocasional, nem intermitente:		
7	Conclusão laudo (íntegra ou síntese):		

Esta empresa se responsabiliza, para todos os efeitos, pela verdade da presente declaração, ciente de que qualquer informação falsa importa em responsabilidade criminal nos termos do art. 299 do Código Penal, estando sujeito também à penalidade prevista no art. 133 da Lei n. 8.212/91, quando não mantiver laudo técnico atualizado ou quando emitir este documento em desacordo com o laudo técnico pericial.

8	CNPJ ou matrícula da empresa no INSS	Local, data, assinatura, identidade e qualificação do responsável

DIRBEN-8030

8ª PARTE
Benefícios imprevisíveis

AUXÍLIO-DOENÇA PREVIDENCIÁRIO (B-31)

Lei n. 8.213, de 24.07.1991

Lei n. 8.870, de 15.04.1994

Lei n. 9.032, de 28.04.1995

Decreto n. 3.048, de 06.05.1999

A finalidade do auxílio-doença é garantir o sustento do segurado da Previdência Social quando este estiver temporariamente incapacitado para o exercício da sua atividade profissional.

Portanto, esse benefício não é concedido quando o perito constata que, apesar de apresentar um determinado problema de saúde, o trabalhador tem condições de permanecer em atividade. A função do médico perito é a realização do exame morfo-psico-profissiográfico, por meio do qual analisa as condições de saúde, o aspecto psicológico e o grau de comprometimento do trabalhador na função ou profissão.

O perito médico do INSS não cuida da saúde do trabalhador, simplesmente avalia se ele está em condições de exercer sua atividade profissional. Caso a pessoa esteja incapaz para o trabalho, será concedido o auxílio-doença durante o período em que ela ficar afastada de sua atividade. Porém, se o segurado apresentar uma doença que não o impeça de exercer as suas atividades habituais no trabalhar, o pedido de auxílio-doença será negado.

O perito do INSS não prescreve medicamentos. O tratamento de um problema de saúde deve ser feito por médicos do Sistema Único de Saúde (SUS) ou médico particular.

A legislação previdenciária exige que o segurado tenha carência para solicitar este benefício, ou seja, um número mínimo de contribuições. Para o auxílio-doença, essa carência é de 12 meses. O benefício pode ser concedido sem carência em duas situações:

– se for constatado que a doença é acidentária, isto é, foi adquirida no exercício da atividade;

– se for acometido de doença grave depois de se tornar segurado da Previdência Social.

Para este segundo caso, os Ministros da Previdência e Assistência Social e da Saúde elaboraram e publicaram, mediante a *Portaria Interministerial n. 2.998, de 23/08/2001*, a lista de doenças ou afecções que excluem a exigência de carência para a concessão de auxílio-doença e aposentadoria por invalidez, conforme segue:

Art. 1º As doenças ou afecções abaixo indicadas excluem exigência de carência para a concessão de auxílio-doença ou de aposentadoria por invalidez aos segurados do Regime Geral de Previdência Social – RGPS:

I – tuberculose ativa;

II – hanseníase;

III – alienação mental;

IV – neoplasia maligna;

V – cegueira;

VI – paralisia irreversível e incapacitante;

VII – cardiopatia grave;

VIII – doença de Parkinson;

IX – espondilartrose anquilosante;

X – nefropatia grave;

XI – estado avançado da doença de Paget (osteíte deformante);

XII – síndrome da deficiência imunológica adquirida – AIDS;

XIII – contaminação por radiação, com base em conclusão da medicina especializada;

XIV – hepatopatia grave.

O item XII (AIDS), apesar de constar desta lista, não tem sido mais levado em conta pois existe uma eficiência comprovada nos atuais tratamentos e uso de coquetéis medicamentosos, levando este doente a ter uma vida quase normal e aumentando e muito a sua sobrevida.

O benefício será cessado quando o segurado recuperar a capacidade laborativa, em qualquer época, independente de prazo de duração do benefício ou idade do segurado.

Caso o segurado não concorde com a alta do médico-perito do INSS, poderá recorrer da decisão médica solicitando um PR – Pedido de Reconsideração, vindo a passar por uma nova perícia médica, podendo ter o benefício reaberto ou não.

O auxílio-doença não tem prazo de duração e não será *obrigatoriamente* transformado em Aposentadoria por Invalidez após um determinado tempo. A transformação se dará quando o médico-perito do INSS constatar que não há mais possibilidade de recuperação do segurado para nenhuma atividade laborativa.

O *salário de benefício* concedido para o auxílio-doença é de 91% (noventa e um por cento) da média aritmética simples das 80% maiores contribuições corrigidas, efetuadas de julho de 1994 até o requerimento do benefício.

Lei n. 8.213, de 24.07.1991

....

Art. 59. O auxílio-doença será devido ao segurado que, havendo cumprido, quando for o caso, o período de carência exigido nesta Lei, ficar incapacitado para o seu trabalho ou para a sua atividade habitual por mais de 15 (quinze) dias consecutivos.

Parágrafo único. Não será devido auxílio-doença ao segurado que se filiar ao Regime Geral de Previdência Social já portador da doença ou da lesão invocada como causa para o benefício, salvo quando a incapacidade sobreviver por motivo de progressão ou agravamento dessa doença ou lesão.

Art. 60. O auxílio-doença será devido ao segurado empregado a contar do décimo sexto dia do afastamento da atividade, e, no caso dos demais segurados, a contar da data do início da incapacidade e enquanto ele permanecer incapaz. (Redação dada pela Lei n. 9.876, de 26/11/1999)

§ 1º Quando requerido por segurado afastado da atividade por mais de 30 (trinta) dias, o auxílio-doença será devido a contar da data da entrada do requerimento.

§ 3º Durante os primeiros quinze dias consecutivos ao do afastamento da atividade por motivo de doença, incumbirá à empresa pagar ao segurado empregado o seu salário integral. (Redação dada pela Lei n. 9.876, de 26/11/1999)

....

§ 4º A empresa que dispuser de serviço médico, próprio ou em convênio, terá a seu cargo o exame médico e o abono das faltas correspondentes ao período referido no § 3º, somente devendo encaminhar o segurado à perícia médica da Previdência Social quando a incapacidade ultrapassar 15 (quinze) dias.

....

Art. 62. O segurado em gozo de auxílio-doença, insusceptível de recuperação para sua atividade habitual, deverá submeter-se a processo de reabilitação profissional para o exercício de outra atividade. Não cessará o benefício até que seja dado como habilitado para o desempenho de nova atividade que lhe garanta a subsistência ou, quando considerado não recuperável, for aposentado por invalidez.

Art. 63. O segurado empregado em gozo de auxílio-doença será considerado pela empresa como licenciado.

Parágrafo único. A empresa que garantir ao segurado licença remunerada ficará obrigada a pagar-lhe durante o período de auxílio-doença a eventual diferença entre o valor deste e a importância garantida pela licença.

É importante ressaltar que o médico-perito pode solicitar o PPP conforme abaixo:

Instrução Normativa INSS/PRES n. 11, de 21.09.2006

Art. 200............

§ 2º Para fins de concessão de benefícios por incapacidade, a partir de 1º de janeiro de 2004, a Perícia Médica do INSS poderá solicitar o PPP – Perfil Profissiográfico Previdenciário – à empresa, com vistas à fundamentação do reconhecimento técnico do nexo causal e para avaliação de potencial laborativo, objetivando processo de Reabilitação Profissional.

APOSENTADORIA POR INVALIDEZ (B-32)

CLT, art. 475

Lei n. 8.213, de 24.07.1991

Decreto n. 2.172, de 05.03.1997

Decreto n. 3.048, de 06.05.1999

Lei n. 11.430, de 26.12.2006

Decreto n. 6.042, de 12.02.2007

Só tem direito a Aposentadoria por Invalidez o segurado que for considerado incapaz para o exercício de qualquer atividade que lhe garanta a subsistência e sem a possibilidade de submeter-se à reabilitação profissional.

A concessão da Aposentadoria por Invalidez depende da verificação, pela perícia médica do INSS, da incapacidade total e definitiva para o trabalho. O segurado terá de se submeter a novas perícias médicas sempre que for convocado, geralmente num intervalo de dois anos, sob pena de perda do benefício (por conta da grande demanda de perícias médicas realizadas pela Previdência Social, esse prazo não tem sido respeitado).

Decreto n. 3.048, de 06.05.1999

....

Art.46. O segurado aposentado por invalidez está obrigado, a qualquer tempo, sem prejuízo do disposto no parágrafo único e independentemente de sua idade e sob pena de suspensão do benefício, a submeter-se a exame médico a cargo da previdência social, processo de reabilitação profissional por ela prescrito e custeado e tratamento dispensado gratuitamente, exceto o cirúrgico e a transfusão de sangue, que são facultativos.

Doenças preexistentes ou lesões surgidas antes da filiação do segurado ao INSS não dão direito ao benefício, a não ser quando a incapacidade acontece em razão do agravamento ou progressão dessas doenças pelo trabalho habitualmente realizado.

Para receber a aposentadoria por invalidez, o segurado precisa ter contribuído por, no mínimo, 12 meses para a Previdência Social. No entanto, essa carência deixa de ser obrigatória quando a invalidez resultar de acidente do trabalho que ocasione lesão corporal ou perturbação funcional que cause a perda permanente da capacidade de trabalho.

Se o aposentado por invalidez retornar espontaneamente à atividade laborativa, o benefício será cancelado automaticamente a partir da data de seu retorno ao trabalho.

O segurado aposentado por invalidez, que necessite de assistência permanente de terceiros, pode ter um acréscimo de 25% (vinte e cinco por cento) sobre o valor da sua aposentadoria; mesmo que o valor da aposentadoria atinja o limite máximo previdenciário, o acréscimo é devido, e o valor será sempre recalculado quando o benefício que lhe deu origem for reajustado.

Esse acréscimo cessa com a morte do aposentado e o seu valor não é incorporado ao valor da pensão deixada aos dependentes.

Pode ocorrer que o segurado seja portador de patologia que resultará em degeneração progressiva, não sendo constatada na primeira perícia a necessidade de assistência permanente. Com o avanço da doença e a consequente perda da capacidade total para qualquer atividade, o beneficiário poderá requerer o acréscimo, bastando o INSS realizar uma nova perícia para avaliar a necessidade do acompanhamento permanente.

A legislação previdenciária define as situações em que a Aposentadoria por Invalidez é devida:

– segurado acometido de cegueira total;
– perda de nove dedos das mãos;
– paralisia de dois membros superiores ou inferiores;
– perda dos membros inferiores, quando não for possível o uso de prótese;
– perda de uma das mãos e de dois pés, ainda que a prótese seja possível;
– perda de um membro superior e outro inferior, quando a prótese for impossível;
– alteração das faculdades mentais com grave perturbação da vida orgânica e social;
– doença que exija permanência contínua no leito e incapacidade permanente para as atividades da vida diária.

Havendo recuperação mesmo parcial, da capacidade laborativa, o benefício será cancelado, independentemente da idade do segurado.

Decreto n. 3.048/99

....

Art. 43. A aposentadoria por invalidez, uma vez cumprida a carência exigida, quando for o caso, será devida ao segurado que, estando ou não em gozo de auxílio-doença, for consi-

derado incapaz para o trabalho e insuscetível de reabilitação para o exercício de atividade que lhe garanta a subsistência, <u>e ser-lhe-á paga enquanto permanecer nessa condição.</u>

§ 2º A doença ou lesão de que o segurado já era portador ao filiar-se ao Regime Geral de Previdência Social não lhe conferirá direito à aposentadoria por invalidez, salvo quando a incapacidade sobrevier por motivo de progressão ou agravamento dessa doença ou lesão.

O aposentado por invalidez está com seu contrato com o empregador suspenso, mas não cancelado, devendo retornar ao seu cargo quando ocorrer a possível cessação do benefício.

CLT (Decreto-Lei n. 5.452, de 01.05.1943)

....

Art. 475 – O empregado que for aposentado por invalidez terá suspenso o seu contrato de trabalho durante o prazo fixado pelas leis de previdência social para a efetivação do benefício.

§ 1º – Recuperando o empregado a capacidade de trabalho e sendo a aposentadoria cancelada, ser-lhe-á assegurado o direito à função que ocupava ao tempo da aposentadoria, facultado, porém, ao empregador, o direito de indenizá-lo por rescisão do contrato de trabalho, nos termos dos arts. 477 e 478, salvo na hipótese de ser ele portador de estabilidade, quando a indenização deverá ser paga na forma do art. 497. (Redação dada pela Lei n. 4.824, de 5.11.1965)

§ 2º – Se o empregador houver admitido substituto para o aposentado, poderá rescindir, com este, o respectivo contrato de trabalho sem indenização, desde que tenha havido ciência inequívoca da interinidade ao ser celebrado o contrato.

As regras para a solicitação deste benefício são as mesmas para o auxílio--doença. O que difere é o coeficiente usado para o cálculo do salário-de-benefício.

Decreto n. 3.048, de 06.05.1999

....

Art. 44 – § 1º. Concluindo a perícia médica inicial pela existência de incapacidade total e definitiva para o trabalho, a aposentadoria por invalidez será devida:

I – ao segurado empregado a contar do décimo sexto dia do afastamento da atividade ou a partir da data da entrada do requerimento, se entre o afastamento e a entrada do requerimento decorrerem mais de trinta dias; e (Redação dada pelo <u>Decreto n. 3.265, de 29/11/99</u>).

II – ao segurado empregado doméstico, contribuinte individual, trabalhador avulso, especial ou facultativo, a contar da data do início da incapacidade ou da data da entrada do requerimento, se entre essas datas decorrerem mais de trinta dias. (Redação dada pelo <u>Decreto n. 3.265, de 29/11/99</u>).

§ 2º Durante os primeiros quinze dias de afastamento consecutivos da atividade por motivo de invalidez, caberá à empresa pagar ao segurado empregado o salário. (Redação dada pelo <u>Decreto n. 3.265, de 29/11/99</u>)

O *salário de benefício* concedido para a Aposentadoria por Invalidez é de 100% (cem por cento) da média aritmética simples das 80% maiores contribuições corrigidas, efetuadas de julho de 1994 até o requerimento do benefício.

O aposentado por invalidez deverá informar o retorno às atividades quando for o caso.

Decreto n. 3.048/99, de 06.05.1999

....

Art. 47. O aposentado por invalidez que se julgar apto a retornar à atividade deverá solicitar a realização de nova avaliação médico-pericial.

Art. 48. O aposentado por invalidez que retornar voluntariamente à atividade terá sua aposentadoria automaticamente cessada, a partir da data do retorno.

Se voltar à atividade sem comunicar ao INSS, perde o benefício e corre o risco de ter de devolver o valor pago se for comprovada a existência de vínculo empregatício. Mas o segurado pode solicitar autorização à perícia médica do INSS para "tentar retornar à atividade", quantas vezes julgar necessário.

Art. 49. Verificada a recuperação da capacidade de trabalho do aposentado por invalidez, excetuando-se a situação prevista no art. 48, serão observadas as normas seguintes:

I – quando a recuperação for total e ocorrer dentro de cinco anos contados da data do início da aposentadoria por invalidez ou do auxílio-doença que a antecedeu sem interrupção, o benefício cessará:

a) de imediato, para o segurado empregado que tiver direito a retornar à função que desempenhava na empresa ao se aposentar, na forma da legislação trabalhista, valendo como documento, para tal fim, o certificado de capacidade fornecido pela previdência social; ou

b) após tantos meses quantos forem os anos de duração do auxílio-doença e da aposentadoria por invalidez, para os demais segurados; e

Se a recuperação da saúde foi total, o segurado retorna à atividade mas continua recebendo o benefício por um certo tempo. Por exemplo, se o Auxílio-Doença mais a Aposentadoria Por Invalidez duraram 8 anos, os pagamentos serão estendidos por mais 8 meses.

II – quando a recuperação for parcial ou ocorrer após o período previsto no inciso I, ou ainda quando o segurado for declarado apto para o exercício de trabalho diverso do qual habitualmente exercia, a aposentadoria será mantida, sem prejuízo da volta à atividade:

a) pelo seu valor integral, durante seis meses contados da data em que for verificada a recuperação da capacidade;

b) com redução de cinquenta por cento, no período seguinte de seis meses; e

c) com redução de setenta e cinco por cento, também por igual período de seis meses, ao término do qual cessará definitivamente.

Art. 50. O segurado que retornar à atividade poderá requerer, a qualquer tempo, novo benefício, tendo este processamento normal.

PENSÃO POR MORTE PREVIDENCIÁRIA (B-21)

Lei n. 8.213, de 24.07.1991

Decreto n. 3.048, de 06.05.1999

Lei n. 9.876, de 29.11.1999

Instrução Normativa INSS/PRES n. 15, de 15.03.2007

Instrução Normativa INSS/PRES n. 20, de11.10.2007

É concedida, a partir do óbito do segurado, ao(s) dependente(s) legal(is) do segurado. O valor da pensão é igual à renda mensal que o segurado recebia ou ao salário de benefício da data do óbito, dividido em partes iguais pelo número de dependentes.

O trabalhador que contribui para a Previdência Social está garantindo aos seus dependentes legais, em caso de seu falecimento, um amparo permanente. O valor desse amparo dependerá naturalmente, do nível de contribuição efetuado. Agora, é sempre bom ter em mente que pensão é uma ajuda, um complemento, portanto o falecido continuará ajudando a sustentar a quem ele sustentava em vida. Pensão não é herança, é amparo. Por isso, se não houver comprovação de dependência, a pensão não será liberada.

Lei n. 8.213, de 24.07.1991

....

Art. 102. A perda da qualidade de segurado importa em caducidade dos direitos inerentes a essa qualidade. (Redação dada pela Lei n. 9.528, de 10.12.97)

§ 1º A perda da qualidade de segurado não prejudica o direito à aposentadoria para cuja concessão tenham sido preenchidos todos os requisitos, segundo a legislação em vigor à época em que estes requisitos foram atendidos. (Parágrafo acrescentado pela Lei n. 9.528, de 10.12.97)

Mas, atenção:

§ 2º Não será concedida pensão por morte aos dependentes do segurado que falecer após a perda desta qualidade, nos termos do art. 15 desta Lei, salvo se preenchidos os requisitos para obtenção da aposentadoria na forma do parágrafo anterior. (Parágrafo acrescentado pela Lei n. 9.528, de 10.12.97)

São dependentes legais dos segurados da Previdência Social:

Lei n. 8.213, de 24.07.1991

....

Art. 16. São beneficiários do Regime Geral de Previdência Social, na condição de dependentes do segurado:

I – o cônjuge, a companheira, o companheiro e o filho não emancipado, de qualquer condição, menor de 21 (vinte e um) anos ou inválido;

II – os pais;

III – o irmão não emancipado, de qualquer condição, menor de 21 (vinte e um) anos ou inválido;

§ 1º A existência de dependente de qualquer das classes deste artigo exclui do direito às prestações os das classes seguintes.

Os dependentes são separados por classes e a existência de uma classe exclui das classes seguintes o direto ao benefício.

A Previdência Social exige para a concessão deste benefício, a comprovação de dependência econômica entre o segurado e o(s) dependente(s).

- FILHOS: pela certidão de nascimento ou termo de adoção;
- MENORES TUTELADOS – pelo termo legal de tutela;
- CÔNJUGE: pela certidão de casamento civil sem averbação de divórcio;
- COMPANHEIRO(A): pela apresentação de, no mínimo, 3 (três) provas documentais de vida em comum e/ou dependência econômica;
- PAIS/IRMÃOS: pela apresentação de, no mínimo, 3 (três) provas documentais de vida em comum e/ou dependência econômica.

ENTEADOS que comprovem dependência econômica concorrem em igualdade de condições como filhos menores e menores tutelados.

Lei n. 8.213, de 24.07.1991

Art. 16 ....

§ 2º O enteado e o menor tutelado equiparam-se a filho mediante declaração do segurado e desde que comprovada a dependência econômica na forma estabelecida no Regulamento.

FILHOS MAIORES INVÁLIDOS e IRMÃOS INVÁLIDOS deverão obrigatoriamente, além de comprovar a dependência econômica, passar pela perícia médica do INSS para que seja comprovada a invalidez.

Pelas normas atuais, os COMPANHEIROS(AS) HOMOSSEXUAIS concorrem em igualdade de condições com os CÔNJUGES ou COMPANHEIRO(A).

Instrução Normativa INSS/PRES n. 15, de 15.03.2007

....

Art. 30. O companheiro ou a companheira homossexual de segurado inscrito no RGPS passa a integrar o rol dos dependentes e, desde que comprovada a vida em comum, e, concorre, para fins de pensão por morte e de auxílio-reclusão, com os dependentes preferenciais de que trata o inciso I do art. 16 da Lei n. 8.213, de 1991, para óbito ou reclusão ocorrido a partir de 5 de abril de 1991, ...

O EX-CÔNJUGE divorciado ou desquitado que receba *pensão alimentícia* do segurado, concorre em igualdade de condições com os CÔNJUGES ou COMPANHEIRO(A).

Instrução Normativa INSS/PRES n. 20, de 11.10.2007

....

Art. 269. O cônjuge separado de fato terá direito à pensão por morte, mesmo que este benefício já tenha sido requerido e concedido à companheira ou ao companheiro, desde que beneficiário de pensão alimentícia, conforme disposto no § 2º do art. 76 da Lei n. 8.213/91.

§ 1º Equipara-se à percepção de pensão alimentícia o recebimento de ajuda econômica/ financeira sob qualquer forma, observando-se o rol exemplificativo do § 3º do art. 22 do RPS, aprovado pelo Decreto n. 3.048/1999.

O valor da pensão será de 100% (cem por cento) da média aritmética simples das 80% (oitenta por cento) maiores contribuições efetuadas pelo segurado de julho de 1994 até o óbito, se o mesmo tiver falecido em atividade ou 100% (cem por cento) do valor da aposentadoria, se o segurado já estava aposentado e será dividida em partes iguais pela totalidade dos dependentes.

Lei n. 8.213, de 24.07.1991

....

Art. 74. A pensão por morte será devida ao conjunto dos dependentes do segurado que falecer, aposentado ou não, a contar da data:

I – do óbito, quando requerida até trinta dias depois deste;

II – do requerimento, quando requerida após o prazo previsto no inciso anterior;

III – da decisão judicial, no caso de morte presumida.

§ 1º Mediante prova do desaparecimento do segurado em consequência de acidente, desastre ou catástrofe, seus dependentes farão jus à pensão provisória independentemente da declaração e do prazo deste artigo.

§ 2º Verificado o reaparecimento do segurado, o pagamento da pensão cessará imediatamente, desobrigados os dependentes da reposição dos valores recebidos, salvo má-fé.

O FILHO MENOR, o MENOR TUTELADO ou o ENTEADO MENOR, deixará de receber a sua parte (cota) ao completar 21 anos de idade. O valor que este recebia será repartido pelos dependentes remanescentes.

No caso de desaparecimento do segurado por mais de 6 (seis) meses, o INSS poderá conceder pensão por morte presumida aos seus dependentes, mediante declaração de autoridade judiciária, quando não houver nenhum indício de sinistro.

Quando o desaparecimento for sinalizado por catástrofe, acidente ou desastre, a pensão será concedida, mediante prova hábil, a contar da data da ocorrência.

Em caso de reaparecimento do segurado, a pensão será cancelada, sem cobrança do período pago, salvo casos de comprovada má-fé.

Decreto n. 3.048, de 06.05.1999

....

Art. 112. A pensão poderá ser concedida, em caráter provisório, por morte presumida:

I – mediante sentença declaratória de ausência, expedida por autoridade judiciária, a contar da data de sua emissão; ou

II – em caso de desaparecimento do segurado por motivo de catástrofe, acidente ou desastre, a contar da data da ocorrência, mediante prova hábil.

Parágrafo único. Verificado o reaparecimento do segurado, o pagamento da pensão cessa imediatamente, ficando os dependentes desobrigados da reposição dos valores recebidos, salvo má-fé.

AUXÍLIO-RECLUSÃO (B-25)

Lei n. 3.807, de 26.08.1960

Lei n. 8.213, de 24.07.1991

Decreto n. 2.172, de 05.03.1997

Emenda Constitucional n. 20, de 15.12.1998

Portaria n. 4.882, de 16.12.1998

Levando em conta que a Previdência Social é uma seguradora com o compromisso de garantir a manutenção do segurado em caso de incapacidade laborativa e a de seus dependentes em sua falta, essa proteção foi incluída na Lei n. 3.807/60, determinando que o "segurado" (portanto trabalhador – contribuinte e em dia com suas contribuições)terá sua família amparada durante o período de reclusão, desde que o crime não tenha sido contra a Previdência.

É como se o contribuinte tivesse morrido temporariamente – o benefício é tratado da mesma forma que a pensão por morte – e dura até que o segurado seja libertado ou fuja.

Lei n. 3.807, de 24.08.1960

....

Art. 43. Aos beneficiários do segurado, detento ou recluso, que não perceba qualquer espécie de remuneração da empresa, e que houver realizado no mínimo 12 (doze) contribuições mensais, a previdência social prestará auxílio-reclusão na forma dos arts. 37, 38, 39 e 40, desta Lei.

§ 1º O processo de auxílio-reclusão será instruído com certidão do despacho da prisão preventiva ou sentença condenatória.

§ 2º O pagamento da pensão será mantido enquanto durar a reclusão ou detenção do segurado, o que será comprovado por meio de atestados trimestrais firmados por autoridade competente.

O entendimento legal é que, se o trabalhador contribui para uma seguradora – Previdência Social – para ampará-lo e à sua família, quando ele se encontre em uma situação de impedimento para sustentá-la (doença, morte ou mesmo prisão) é obrigação dessa seguradora fazê-lo.

Lei n. 8.213, de 24.07.1991

....

Art. 80. O auxílio-reclusão será devido, nas mesmas condições da pensão por morte, aos dependentes do segurado recolhido à prisão, que não receber remuneração da empresa nem estiver em gozo de auxílio-doença, de aposentadoria ou de abono de permanência em serviço.

O Art. 13 da <u>Emenda Constitucional n. 20, de 1998</u>, dispõe que o auxílio-reclusão é devido apenas quando o último salário-de-contribuição do segurado for igual ou inferior a 1 salário mínimo e meio.

As normas de concessão são as mesmas utilizadas para se conceder uma pensão por morte, sendo somente necessário que o dependente legal faça o requerimento durante o prazo de reclusão pois o benefício não será concedido após a libertação do segurado.

Após a concessão do benefício, os dependentes devem apresentar à Previdência Social, de três em três meses, atestado de que o segurado continua preso, emitido por autoridade competente, sob pena de suspensão do benefício. Esse documento será o atestado de recolhimento do segurado à prisão.

O último salário-de-contribuição do segurado (vigente na data do recolhimento à prisão ou na data do afastamento do trabalho ou cessação das contribuições), tomado em seu valor mensal, deverá ser igual ou inferior a 1 e ½ (uma vez e meia) ao valor de 1 (um) salário mínimo vigente, pois este benefício tem o teto-máximo limitado a esse valor, tendo o seu teto definido anualmente, juntamente com a correção do salário mínimo.

O auxílio-reclusão é um benefício devido aos DEPENDENTES LEGAIS (segue a mesma tabela e suas escalas para os dependentes de Pensão por Morte) do segurado recolhido à prisão, durante o período em que estiver preso sob regime fechado ou semiaberto.

Não cabe concessão ou manutenção de auxílio-reclusão aos dependentes do segurado que estiver em livramento condicional ou cumprindo pena em regime aberto.

Equipara-se à condição de recolhido à prisão a situação do segurado com idade entre 16 e 18 anos que tenha sido internado em estabelecimento educacional ou congênere, sob custódia do Juizado da Infância e da Juventude.

O auxílio-reclusão deixará de ser pago, dentre outros motivos:

– Pela morte do segurado. Neste caso o auxílio-reclusão será convertido automaticamente em pensão por morte;
– Em caso de fuga, liberdade condicional, transferência para prisão albergue ou cumprimento da pena em regime aberto.

9ª PARTE
Benefícios assistenciais – LOAS

AMPARO AO IDOSO (B-88)
AMPARO AO INVÁLIDO (B-87)

Lei n. 9.720, de 30.11.1998 – Lei Orgânica da Assistência Social
Lei n. 6.179, de 12.12.1974
Lei n. 8.742, de 07.12.1993

Este benefício assistencial, como o próprio nome diz, é concedido a qualquer pessoa, mesmo que nunca tenha sido segurado da Previdência Social. As condições para a concessão deste benefício são muito claras e normalmente são autorizadas pelos Assistentes Sociais, responsáveis por determinar a necessidade real ao benefício.

Apesar de a norma dizer que o idoso tem que ter 70 (setenta) anos ou mais, por conta do novo Código Civil Brasileiro, o idoso em questão passa a ter obrigatoriamente 65 (sessenta e cinco) anos ou mais.

O portador de deficiência obrigatoriamente deverá passar pela perícia médica para que seja atestada a incapacidade de trabalhar.

Este benefício não dá direito a 13º (décimo terceiro) salário.

Lei n. 8.742, de 07.12.1993

....

Art. 20. O benefício de prestação continuada é a garantia de 1 (um) salário mínimo mensal à pessoa portadora de deficiência e ao idoso com 70 (setenta) anos ou mais e que comprovem não possuir meios de prover a própria manutenção e nem de tê-la provida por sua família.

§ 1º Para os efeitos do disposto no caput, entende-se por família a unidade mononuclear, vivendo sob o mesmo teto, cuja economia é mantida pela contribuição de seus integrantes.

§ 2º *Para efeito de concessão deste benefício, a pessoa portadora de deficiência é aquela incapacitada para a vida independente e para o trabalho.*

§ 3º *Considera-se incapaz de prover a manutenção da pessoa portadora de deficiência ou idosa a família cuja renda mensal per capita seja inferior a 1/4 (um quarto) do salário mínimo.*

§ 4º *O benefício de que trata este artigo não pode ser acumulado pelo beneficiário com qualquer outro no âmbito da seguridade social ou de outro regime, salvo o da assistência médica.*

§ 5º *A situação de internado não prejudica o direito do idoso ou do portador de deficiência ao benefício.*

§ 6º *A deficiência será comprovada através de avaliação e laudo expedido por serviço que conte com equipe multiprofissional do Sistema Único de Saúde – SUS ou do INSS.*

10ª PARTE
Benefícios acidentários

AUXÍLIO-DOENÇA ACIDENTÁRIO (B-91)
APOSENTADORIA POR INVALIDEZ ACIDENTÁRIA (B-92)
PENSÃO POR MORTE ACIDENTÁRIA (B-93)
AUXÍLIO-ACIDENTE (B-94)

Decreto-lei n. 73, de 21.11.1966

Decreto-lei n. 293, de 28.02.1967

Decreto n. 60.501, de 14.03.1967

Lei n. 8.213, de 24.07.1991

Lei n. 10.666, de 08.05.2003

Lei n. 11.430, de 26.12.2006

Decreto n. 6.042, de 12.02.2007

Se a responsabilidade pela lesão física ou psicológica sofrida pelo trabalhador no exercício de suas atividades na empresa ou no trajeto de ou para ela, pode ser atribuída à empresa, então foi acidente do trabalho. Se não foi "<u>a serviço da empresa</u>", não será considerado como tal.

Tem direito aos Benefícios Acidentários o trabalhador empregado, o trabalhador avulso e o segurado especial. O empregado doméstico, o contribuinte individual e o facultativo não têm direito a essa proteção.

Lei n. 8.213, de 24.07.1991

....

Art. 19. Acidente do trabalho é o que ocorre pelo exercício do trabalho a serviço da empresa ou pelo exercício do trabalho dos segurados referidos no inciso VII do art. 11 desta

Lei, provocando lesão corporal ou perturbação funcional que cause a morte ou a perda ou redução, permanente ou temporária, da capacidade para o trabalho.

....

§ 3º É dever da empresa prestar informações pormenorizadas sobre os riscos da operação a executar e do produto a manipular.

Art. 20. Considéram-se acidente do trabalho, nos termos do artigo anterior, as seguintes entidades mórbidas:

I – *doença profissional, assim entendida a produzida ou desencadeada pelo exercício do trabalho peculiar a determinada atividade e constante da respectiva relação elaborada pelo Ministério do Trabalho e da Previdência Social;*

II – *doença do trabalho, assim entendida a adquirida ou desencadeada em função de condições especiais em que o trabalho é realizado e com ele se relacione diretamente, constante da relação mencionada no inciso I.*

§ 1º Não são consideradas como doença do trabalho:

a) *a doença degenerativa;*

b) *a inerente a grupo etário;*

c) *a que não produza incapacidade laborativa;*

d) *a doença endêmica adquirida por segurado habitante de região em que ela se desenvolva, salvo comprovação de que é resultante de exposição ou contato direto determinado pela natureza do trabalho.*

§ 2º *Em caso excepcional, constatando-se que a doença não incluída na relação prevista nos incisos I e II deste artigo resultou das condições especiais em que o trabalho é executado e com ele se relaciona diretamente, a Previdência Social deve considerá-la acidente do trabalho.(Ver Dec. 6042/ 2007)*

Art. 21. Equiparam-se também ao acidente do trabalho, para efeitos desta Lei:

I – *o acidente ligado ao trabalho que, embora não tenha sido a causa única, haja contribuído diretamente para a morte do segurado, para redução ou perda da sua capacidade para o trabalho, ou produzido lesão que exija atenção médica para a sua recuperação;*

II – *o acidente sofrido pelo segurado no local e no horário do trabalho, em consequência de:*

a) *ato de agressão, sabotagem ou terrorismo praticado por terceiro ou companheiro de trabalho;*

b) *ofensa física intencional, inclusive de terceiro, por motivo de disputa relacionada ao trabalho;*

c) *ato de imprudência, de negligência ou de imperícia de terceiro ou de companheiro de trabalho;*

d) *ato de pessoa privada do uso da razão;*

e) *desabamento, inundação, incêndio e outros casos fortuitos ou decorrentes de força maior;*

III – *a doença proveniente de contaminação acidental do empregado no exercício de sua atividade;*

IV – o acidente sofrido pelo segurado ainda que fora do local e horário de trabalho:

a) na execução de ordem ou na realização de serviço sob a autoridade da empresa;

b) na prestação espontânea de qualquer serviço à empresa para lhe evitar prejuízo ou proporcionar proveito;

c) em viagem a serviço da empresa, inclusive para estudo quando financiada por esta dentro de seus planos para melhor capacitação da mão de obra, independentemente do meio de locomoção utilizado, inclusive veículo de propriedade do segurado;

d) no percurso da residência para o local de trabalho ou deste para aquela, qualquer que seja o meio de locomoção, inclusive veículo de propriedade do segurado.

§ 1º Nos períodos destinados a refeição ou descanso, ou por ocasião da satisfação de outras necessidades fisiológicas, no local do trabalho ou durante este, o empregado é considerado no exercício do trabalho.

§ 2º Não é considerada agravação ou complicação de acidente do trabalho a lesão que, resultante de acidente de outra origem, se associe ou se superponha às consequências do anterior.

A Lei n. 11.430/2006 acrescentou o art. 21-A à Lei n. 8.213/91, permitindo que a incapacidade seja presumida acidentária quando ocorrer Nexo Técnico Epidemiológico – NTEP.

Art. 21-A. A perícia médica do INSS considerará caracterizada a natureza acidentária da incapacidade quando constatar ocorrência de nexo técnico epidemiológico entre o trabalho e o agravo, decorrente da relação entre a atividade da empresa e a entidade mórbida motivadora da incapacidade elencada na Classificação Internacional de Doenças – CID, em conformidade com o que dispuser o regulamento.

§ 1º A perícia médica do INSS deixará de aplicar o disposto neste artigo quando demonstrada a inexistência do nexo de que trata o caput deste artigo.

§ 2º A empresa poderá requerer a não aplicação do nexo técnico epidemiológico, de cuja decisão caberá recurso com efeito suspensivo, da empresa ou do segurado, ao Conselho de Recursos da Previdência Social.

Comunicação de Acidente de Trabalho – CAT

É obrigação da empresa emitir a Comunicação de Acidente de Trabalho – CAT até 24 horas após o acidente acontecido com seu empregado, sob pena de multa que se multiplicará progressivamente a cada reincidência.

É obrigação da empresa a remessa e o registro da CAT diretamente ao INSS e não do empregado acidentado. Afinal, a segurada é a empresa e não seu empregado.

A CAT é o documento com que a empresa (segurada) informa ao INSS (seguradora) que o seu empregado sofreu algum tipo de lesão e poderá precisar, dentro de 15 dias, de utilizar os serviços da Previdência Social.

O preenchimento da CAT deve relatar, de forma sucinta, o acidente ocorrido, identificando a empresa e o empregado.

Lei n. 8.213, de 24.07.1991

....

Art. 22. A empresa deverá comunicar o acidente do trabalho à Previdência Social até o 1º (primeiro) dia útil seguinte ao da ocorrência e, em caso de morte, de imediato, à autoridade competente, sob pena de multa variável entre o limite mínimo e o limite máximo do salário de contribuição, sucessivamente aumentada nas reincidências, aplicada e cobrada pela Previdência Social.

§ 1º Da comunicação a que se refere este artigo receberão cópia fiel o acidentado ou seus dependentes, bem como o sindicato a que corresponda a sua categoria.

§ 2º Na falta de comunicação por parte da empresa, podem formalizá-la o próprio acidentado, seus dependentes, a entidade sindical competente, o médico que o assistiu ou qualquer autoridade pública, não prevalecendo nestes casos o prazo previsto neste artigo.

§ 3º A comunicação a que se refere o § 2º não exime a empresa de responsabilidade pela falta do cumprimento do disposto neste artigo.

§ 4º Os sindicatos e entidades representativas de classe poderão acompanhar a cobrança, pela Previdência Social, das multas previstas neste artigo.

Art. 23. Considera-se como dia do acidente, no caso de doença profissional ou do trabalho, a data do início da incapacidade laborativa para o exercício da atividade habitual, ou o dia da segregação compulsória, ou o dia em que for realizado o diagnóstico, valendo para este efeito o que ocorrer primeiro.

Coeficientes

O cálculo do salário de benefício dos Benefícios Acidentários, é feito por meio da média aritmética simples dos 80% (oitenta por cento) das maiores contribuições efetuadas de julho de 1994 até a data do requerimento do benefício, com os seguintes coeficientes:

- B-91 (Auxílio-Doença Acidentário) – 91% da média;
- B-92 (Aposentadoria por Invalidez Acidentária) – 100% da média. Em caso de incapacidade avançada, mais 25% poderão ser concedidos para remuneração de terceiros;
- B-93 (Pensão por Morte Acidentária) – 100% da média acima, rateada entre todos os dependentes;
- B-94 (Auxílio-Acidente) – 50% da média.

Como essses benefícios são financiados pelo Seguro de Acidente de Trabalho – SAT suplementar, isto é, como são "pré-pagos" pela empresa, esses benefícios não exigem carência para serem concedidos.

O segurado, após se recuperar e voltar às suas atividades laborais, tem direito a 1 (um) ano de estabilidade no trabalho.

Lei n. 8.213, de 24.07.1991

....

Art. 118. *O segurado que sofreu acidente do trabalho tem garantida, pelo prazo mínimo de doze meses, a manutenção do seu contrato de trabalho na empresa, após a cessação do auxílio-doença acidentário, independentemente de percepção de auxílio-acidente.*

Auxílio-Acidente

O Auxílio-Acidente é um benefício pago ao trabalhador que sofrendo um acidente no trabalho ou a caminho deste, fica com sequelas que reduzem sua capacidade de trabalho.

O Auxílio-Acidente é pago até a aposentadoria ou a morte do segurado, não sendo incorporado à pensão dos dependentes.

Lei n. 8.213, de 24.07.1991

....

Art. 86. O auxílio-acidente será concedido, como indenização, ao segurado quando, após consolidação das lesões decorrentes de acidente de qualquer natureza, resultarem sequelas que impliquem redução da capacidade para o trabalho que habitualmente exerce.

§ 1º O auxílio-acidente mensal corresponderá a cinquenta por cento do salário-de-benefício e será devido, até a véspera do início de qualquer aposentadoria ou até a data do óbito do segurado.

§ 2º O auxílio-acidente será devido a partir do dia seguinte ao da cessação do auxílio--doença, independentemente de qualquer remuneração ou rendimento auferido pelo acidentado, vedada sua acumulação com qualquer aposentadoria.

§ 3º O recebimento de salário ou concessão de outro benefício, exceto de aposentadoria, não prejudicará a continuidade do recebimento do auxílio-acidente.

Este benefício é financiado pela contribuição adicional das empresas – Rateio de Acidente de Trabalho (Grau de Incidência de Incapacidade Laborativa – GIIL, decorrente dos Riscos Ambientais do Trabalho – RAT) com uma alíquota que varia de acordo com o desempenho individual da empresa (Vide NTEP e FAP).

O Auxílio-Acidente, por ter caráter de indenização, tem características próprias e pode ser acumulado com outros benefícios previdenciários mas, termina com a concessão da aposentadoria ou com o óbito do segurado.

O valor pode ser, eventualmente, menor que o salário mínimo, pois corresponde somente a 50% do salário de benefício que deu origem ao Auxílio-Doença Acidentário, corrigido até o mês anterior ao do início do Auxílio-Acidente. Dá direito ao 13º (décimo terceiro) salário ou abono anual, que é pago juntamente com a renda mensal de novembro, proporcionalmente ao número de meses que foi pago.

Não tem direito a este tipo de benefício, o segurado que, mesmo tendo sofrido acidente e ficado com sequela, apresente danos funcionais ou redução da capacidade funcional, sem repercussão na capacidade para o trabalho que exerce habitualmente.

Até a publicação da Lei n. 9.032, de 28.04.1995, o Auxílio-Acidente era concedido ao segurado que, após cicatrização de lesões provenientes de acidente de trabalho, ficasse com sequelas que lhe dificultassem a execução de seu trabalho habitual. O benefício era vitalício, podendo ser acumulado com qualquer outro benefício, até mesmo com outro Auxílio-Acidente.

Quando o segurado falecia, metade do valor do Auxílio-Acidente era somado ao valor da pensão dos dependentes não podendo porém a mensalidade ultrapassar o teto máximo do mês do óbito.

Se o segurado já recebedor de um Auxílio-Acidente falecesse de outro acidente, o primeiro seria mantido em seu valor integral, somado ao valor da pensão.

Portanto, entre os períodos da publicação do Decreto n. 83.080, de 24.01.1979 até a publicação da Lei n. 9.032, de 28.04.1995, o benefício era concedido após a consolidação das lesões provenientes de acidente de trabalho, se o segurado apresentasse sequelas conforme o discriminado:

a) 30% (trinta por cento) do salário de benefício para o segurado que apresentasse redução de capacidade laborativa que exigisse maior esforço ou necessidade de adaptação para exercer a mesma atividade de antes do acidente.

b) 40% (quarenta por cento) do salário de benefício, para o segurado que apresentasse redução da capacidade laborativa, impeditiva da execução da atividade exercida antes do acidente, porém não a de outra com o mesmo nível de complexidade.

c) 60% (sessenta por cento) do salário de benefício para o segurado que só pudesse, a partir daí, exercer atividade com nível inferior de complexidade e após reabilitação profissional.

Passou a ter o formato atual, com o valor mensal de 50% (cinquenta por cento) a partir da publicação da Lei n. 9.032, de 29.04.1995. Veja, abaixo, a relação das situações que dão direito ao Auxílio-Acidente:

Lei n. 8.213, de 24.07.1991

ANEXO III

AUXÍLIO-ACIDENTE

Auxílio-acidente no percentual de 50% de que trata o parágrafo único do art. 76 e o art. 152 deste regulamento (Decreto n. 2.172/97)

A – acidente de qualquer natureza e acidente do trabalho

QUADRO N. 1 – Aparelho visual

Situações:

a) acuidade visual, após correção, igual ou inferior a 0,2 no olho acidentado;

b) acuidade visual, após correção, igual ou inferior a 0,5 em ambos os olhos, quando ambos tiverem sido acidentados;

c) acuidade visual, após correção, igual ou inferior a 0,5 no olho acidentado, quando a do outro olho for igual a 0,5 ou menos, após correção;

d) lesão da musculatura extrínseca do olho, acarretando paresia ou paralisia;

e) lesão bilateral das vias lacrimais, com ou sem fístulas, ou unilateral com fístula.

NOTA 1

A acuidade visual restante é avaliada pela escala de Wecker, em décimos, e após a correção por lentes.

NOTA 2

A nubécula e o leucoma são analisados em função da redução da acuidade ou do prejuízo estético que acarretam, de acordo com os quadros respectivos.

QUADRO N. 2 – Aparelho auditivo

TRAUMA ACÚSTICO

a) perda da audição no ouvido acidentado;

b) redução da audição em grau médio ou superior em ambos os ouvidos, quando os dois tiverem sido acidentados;

c) redução da audição, em grau médio ou superior, no ouvido acidentado, quando a audição do outro estiver também reduzida em grau médio ou superior.

NOTA 1

A capacidade auditiva em cada ouvido é avaliada mediante audiometria apenas aérea, nas frequências de 500, 1.000, 2.000 e 3.000 Hertz.

NOTA 2

A redução da audição, em cada ouvido, é avaliada pela média aritmética dos valores, em decibéis, encontrados nas frequências de 500, 1.000, 2.000 e 3.000 Hertz, segundo adaptação da classsificação de Davis & Silvermann, 1970.

Audição normal – até 25 decibéis.

Redução em grau mínimo – 26 (vinte e seis) a 40 (quarenta) decibéis;

Redução em grau médio – 41 (quarenta e um) a 70 (setenta) decibéis;

Redução em grau máximo – 71 (setenta e um) a 90 (noventa) decibéis;

Perda de audição – mais de 90 (noventa) decibéis.

QUADRO N. 3 – Aparelho de fonação

Situação:

Perturbação da palavra em grau médio ou máximo, desde que comprovada por métodos clínicos objetivos.

QUADRO N. 4 – Prejuízo estético

Situações:

Prejuízo estético, em grau médio ou máximo, quando atingidos crânios, e/ou face, e/ou pescoço ou perda de dentes quando há também deformação da arcada dentária que impede o uso de prótese.

NOTA 1

Só é considerada como prejuízo estético a lesão que determina apreciável modificação estética do segmento corpóreo atingido, acarretando aspecto desagradável, tendo-se em conta sexo, idade e profissão do acidentado.

NOTA 2

A perda anatômica de membro, a redução de movimentos articulares ou a alteração da capacidade funcional de membro não são considerados como prejuízo estético, podendo, porém, ser enquadradas, se for o caso, nos quadros respectivos.

QUADRO N. 5 – Perdas de segmentos de membros

Situações:

a) perda de segmento ao nível ou acima do carpo;

b) perda de segmento do primeiro quirodáctilo, desde que atingida a falange distal;

c) perda de segmentos de dois quirodáctilos, desde que atingida a falange distal em pelo menos um deles;

d) perda de segmento do segundo quirodáctilo, desde que atingida a falange distal;

e) perda de segmento de 3 (três) ou mais falanges, de 3 (três) ou mais quirodáctilos;

f) perda de segmento ao nível ou acima do tarso;

g) perda de segmento do primeiro pododáctilo, desde que atingida a falange distal;

h) perda de segmento de dois pododáctilos, desde que atingida a falange distal em ambos;

i) perda de segmento de 3 (três) ou mais falanges, de 3 (três) ou mais pododáctilos.

NOTA:

Para efeito de enquadramento, a perda parcial de parte óssea de um segmento equivale à perda do segmento. A perda parcial de partes moles sem perda de parte óssea do segmento não é considerada para efeito de enquadramento.

QUADRO N. 6 – Alterações articulares

Situações:

a) redução em grau médio ou superior dos movimentos do maxilar inferior;

b) redução em grau máximo dos movimentos do segmento cervical da coluna vertebral;

c) redução em grau máximo dos movimentos do segmento lombo-sacro da coluna vertebral;

d) redução em grau médio ou superior dos movimentos das articulações do ombro ou do cotovelo;

e) redução em grau médio ou superior dos movimentos de pronação e/ou de supinação do antebraço;

f) redução em grau máximo dos movimentos do primeiro e/ou do segundo quirodáctilo, desde que atingidas as articulações metacarpo-falangeana e falange-falangeana;

g) redução em grau médio ou superior dos movimentos das articulações coxo-femural e/ou joelho, e/ou tíbio-társica.

NOTA 1

Os graus de redução de movimentos articulares referidos neste quadro são avaliados de acordo com os seguintes critérios:

Grau máximo: redução acima de 2/3 da amplitude normal do movimento da articulação;

Grau médio: redução de mais de 1/3 e até 2/3 da amplitude normal do movimento da articulação;

Grau mínimo: redução de até 1/3 da amplitude normal do movimento da articulação.

NOTA 2

A redução de movimentos do cotovelo, de pronação e supinação do antebraço, punho, joelho e tíbio-társica, secundária a uma fratura de osso longo do membro, consolidada em posição viciosa e com desvio de eixo, também é enquadrada dentro dos limites estabelecidos.

QUADRO N. 7 – <u>Encurtamento de membro inferior</u>

Situação:

Encurtamento de mais de 4 cm (quatro centímetros).

NOTA

A preexistência de lesão de bacia deve ser considerada quando da avaliação do encurtamento.

QUADRO N. 8 – <u>Redução da força e/ou da capacidade funcional dos membros</u>

Situações:

a) redução da força e/ou da capacidade funcional da mão, do punho, do antebraço ou de todo o membro superior em grau sofrível ou inferior da classificação de desempenho muscular;

b) redução da força e/ou da capacidade funcional do primeiro quirodáctilo em grau sofrível ou inferior;

c) redução da força e/ou da capacidade funcional do pé, da perna ou de todo o membro inferior em grau sofrível ou inferior.

NOTA 1

Esta classificação se aplica a situações decorrentes de comprometimento muscular ou neurológico. Não se aplica a alterações decorrentes de lesões articulares ou de perdas anatômicas constantes dos quadros próprios.

NOTA 2

Na avaliação de redução da força ou da capacidade funcional é utilizada a classificação da carta de desempenho muscular da The National Foundation for Infantile Paralysis, adotada pelas Sociedades Internacionais de Ortopedia e Traumatologia, e a seguir transcrita:

<u>Desempenho muscular</u>

Grau 5 – Normal – 100% – Amplitude completa de movimento contra a gravidade e contra grande resistência.

Grau 4 – Bom – 75% – Amplitude completa de movimento contra a gravidade e contra alguma resistência.

Grau 3 – Sofrível – 50% – Amplitude completa de movimento contra a gravidade sem opor resistência.

Grau 2 – Pobre – 25% – Amplitude completa de movimento quando eliminada a gravidade.

Grau 1 – Traços – 10% – Evidência de leve contração. Nenhum movimento articular.

Grau 0 (zero) – 0% – Nenhuma evidência de contração.

Grau E ou EG – 0% – Espasmo ou espasmo grave.

Grau C ou CG – Contratura ou contratura grave.

NOTA

O enquadramento dos casos de grau sofrível ou inferior abrange, na prática, os casos de redução em que há impossibilidade de movimento contra alguma força de resistência além da força de gravidade.

QUADRO N. 9 – <u>Outros aparelhos e sistemas</u>

Situações:

a) segmentectomia pulmonar que acarrete redução em grau médio ou superior da capacidade funcional respiratória; devidamente correlacionada à sua atividade laborativa.

b) perda do segmento do aparelho digestivo cuja localização ou extensão traz repercussões sobre a nutrição e o estado geral.

B – DOENÇAS PROFISSIONAIS E AS DO TRABALHO

As doenças profissionais e as do trabalho que após consolidações das lesões resultem sequelas permanentes com redução da capacidade de trabalho, deverão ser enquadradas conforme o art. 152 do Decreto n. 2.172/97.

11ª Parte
NTEP – Nexo Técnico Epidemiológico

Para entendermos melhor a implantação do NTEP pela Previdência Social, faremos uma viagem no tempo para mostrar as diferentes tentativas por parte do governo de tentar minimizar os impactos causados pelos acidentes de trabalho.

Tudo começou com o <u>Decreto n. 4.682, de 24.01.1923</u> que já sinalizava com problemas na área de segurança das empresas da época:

> Art. 1º. Fica creada em cada uma das emprezas de estradas de ferro existentes no paiz uma caixa de aposentadoria e pensões para os respectivos empregados. * Lei Eloy Chaves
>
> Art. 2º. São considerados empregados, para os fins da presente lei, não só os que prestarem os seus serviços mediante ordenado mensal, como os operarios diaristas, de qualquer natureza, que executem serviço de caracter permanente.
>
> Paragrapho único. Consideram-se empregados ou operarios permanentes os que tenham mais de seis mezes de serviços continuos em uma mesma empreza.
>
> ....
>
> Art. 15. Nos casos de acidente de que resultar para o empregado incapacidade total permanente, terá elle direito à aposentadoria, qualquer que seja o seu tempo de serviço.
>
> Paragrapho único. Quando a incapacidade for permanente e parcial, a importância da aposentadoria será calculada na proporção estabelecida pela tabella annexa ao regulamento baixado com o Decreto n. 13.498, de 12 de março de 1919.
>
> Art. 16. Nos casos de acidente de que resultar para o empregado incapacidade temporária, total ou parcial, receberá o mesmo da Caixa indenização estabelecida pela Lei número 3.724, de 15 de janeiro de 1919.
>
> ....
>
> Art. 26. No caso de fallecimento do empregado aposentado ou do activo que contar mais de 10 annos de serviços effectivos nas respectivas empresas, poderão a viúva ou viúvo inválido, os filhos e os paes e irmãs enquanto solteiras, na ordem da successão legal, requerer pensão à Caixa creada por esta lei.
>
> Art. 27. Nos casos de acidente de trabalho têm os mesmos beneficiarios direito à pensão, qualquer que seja o número de annos do empregado fallecido.

Art. 28. A importancia da pensão de que trata o art. 26 será equivalente a 50% da aposentadoria percebida ou a que tinha direito o pensionista, e de 25% quando o empregado falecido tiver mais de 10 e menos de 30 annos de serviço effectivo.

Paragrapho único. Nos casos de morte por acidente, a proporção será de 50%, qualquer que seja o número de annos de serviço do empregado fallecido.

....

Art. 39. As aposentadorias e pensões poderão ser menores do que as estabelecidas nesta lei se os fundos da Caixa não puderem suportar os encargos respectivos e enquanto permaneça a insufficiencia desses recursos.

Paragrapho único. Nos casos de acidente, quando os fundos da Caixa não forem sufficientes para o pagamento da aposentadoria ou pensão, conforme as taxas estabelecidas na presente lei, poderão sempre o empregado ou seus sucessores optar pelo recebimento das indemnizações estabelecidas na lei n. 3.724, de 15 de janeiro de 1919, que, nesses casos, ficarão a cargo das empresas ferroviárias.

....

Rio de Janeiro, 24 de janeiro de 1923, 102º da Independência e 35º da Republica.
ARTHUR BERNARDES.
Presidente

Repare no português da época (interessante). O importante é entender que há quase 100 (cem) anos, já havia uma preocupação com os acidentes de trabalho e o custo que isso poderia vir a causar.

Com o passar do tempo, continuou a preocupação com o caso. Em 1944, se define o que é o acidente de trabalho.

Decreto-lei n. 7.036, de 10.11.1944

....

Art. 1º. Considera-se acidente do trabalho, para os fins da presente Lei, todo aquele que se verifique pelo exercício do trabalho, provocando, direta ou indiretamente, lesão corporal, perturbação funcional, ou doença, que determine a morte, a perda total ou parcial, permanente ou temporária, de capacidade para o trabalho.

Em 1967, após a unificação dos fundos de pensão e a criação do INPS, o governo decreta que a inteira responsabilidade dos acidentes de trabalho passa a ser das empresas.

Decreto-lei n. 293, de 28.02.1967

Art. 1º. Para fins do presente Decreto-lei, considera-se acidente do trabalho todo aquele que provocar lesão corporal ou perturbação funcional no exercício do trabalho, a serviço do empregador, resultante de causa externa súbita, imprevista ou fortuita, determinando a morte do empregado ou sua incapacidade para o trabalho, total ou parcial, permanente ou temporária.

Art. 2º. O risco de acidente do trabalho é responsabilidade do empregador, o qual fica obrigado a manter seguro que lhe dê cobertura.

Com isso as empresas começaram a providenciar contratos com seguradoras para atender seus empregados acidentados.

Só que as seguradoras só davam os primeiros socorros. Se houvesse necessidade de acompanhamento para reabilitação, tratamento de sequelas, fornecimento de órtese ou prótese, o empregado era recusado pela seguradora com a desculpa de que daí em diante se tratava de "doença" e portanto obrigação do INPS.

Os balcões do INPS ficavam cheios de vítimas de acidentes tentando conseguir Auxílio-Doença e encaminhamento aos hospitais e clínicas próprio da Previdência.

Levou quase 10 (dez) anos para que essa situação recebesse uma regulamentação própria, definindo pela primeira vez o financiamento para o custeio dos acidentes de trabalho.

Lei n. 6.367, de 19.10.1976
Art. 1º. O seguro obrigatório contra acidentes do trabalho dos empregados segurados do regime de previdência social ... é realizado (a partir de agora) pelo Instituto Nacional de Previdência Social (INPS).
Art. 2º. Acidente do trabalho é aquele que ocorrer pelo exercício do trabalho a serviço da empresa, provocando lesão corporal ou perturbação funcional que cause a morte, ou perda, ou redução, permanente ou temporária, da capacidade para o trabalho.
§ 1º Equiparam-se ao acidente do trabalho, para os fins desta lei:
I – a doença profissional ou do trabalho, assim entendida a inerente ou peculiar a determinado ramo de atividade e constante de relação organizada pelo Ministério da Previdência e Assistência Social (MPAS);
II – o acidente que, ligado ao trabalho, embora não tenha sido a causa única, haja contribuído diretamente para a morte, ou a perda, ou redução da capacidade para o trabalho;
III – o acidente sofrido pelo empregado no local e no horário do trabalho, em consequência de:
a) ato de sabotagem ou de terrorismo praticado por terceiros, inclusive companheiro de trabalho;
b) ofensa física intencional, inclusive de terceiro, por motivo de disputa relacionada com o trabalho;
c) ato de imprudência, de negligência ou de imperícia de terceiro inclusive companheiro de trabalho;
d) ato de pessoa privada do uso da razão;
e) desabamento, inundação ou incêndio;
f) outros casos fortuitos ou decorrentes de força maior.
IV – a doença proveniente de contaminação acidental de pessoal de área médica, no exercício de sua atividade;
V – o acidente sofrido pelo empregado ainda que fora do local e horário de trabalho:
a) na execução de ordem ou na realização de serviço sob a autoridade da empresa;

b) na prestação espontânea de qualquer serviço à empresa para lhe evitar prejuízo ou proporcionar proveito;

c) em viagem a serviço da empresa, seja qual for o meio de locomoção utilizado, inclusive veículo de propriedade do empregado;

d) no percurso da residência para o trabalho ou deste para aquela.

§ 2º Nos períodos destinados a refeição ou descanso, ou por ocasião da satisfação de outras necessidades fisiológicas, no local do trabalho ou durante este, o empregado será considerado a serviço da empresa.

§ 3º Em casos excepcionais, constatando que doença não incluída na relação prevista no item I do § 1º resultou de condições especiais em que o trabalho é executado e com ele se relaciona diretamente, o Ministério da Previdência e Assistência Social deverá considerá--la como acidente do trabalho.

Art. 10. A assistência médica, aí incluídas a cirúrgica, a hospitalar, farmacêutica e a odontológica, bem como o transporte do acidentado e a reabilitação profissional, quando indicada, serão devidos em caráter obrigatório.

Art. 11. Quando a perda ou redução da capacidade funcional puder ser atenuada pelo uso de aparelhos de prótese ou órtese, estes serão fornecidos pelo INPS, independentemente das prestações cabíveis.

....

Art. 15. O custeio dos encargos decorrentes desta lei será atendido pelas atuais contribuições previdenciárias a cargo da União, da empresa e do segurado, com um acréscimo, a cargo exclusivo da empresa, das seguintes percentagens do valor da folha de salário de contribuição dos segurados de que trata o art. 1º:

I – 0,4% (quatro décimos por cento) para a empresa em cuja atividade o risco de acidente do trabalho seja considerado leve;

II – 1,2% (um e dois décimos por cento) para a empresa em cuja atividade esse risco seja considerado médio;

III – 2,5% (dois e meio por cento) para a empresa em cuja atividade esse risco seja considerado grave.

§ 1º O acréscimo de que trata este artigo será recolhido juntamente com as demais contribuições arrecadadas pelo INPS.

§ 2º O Ministério da Previdência e Assistência Social (MPAS) classificará os três graus de risco em tabela própria organizada de acordo com a atual experiência de risco, na qual as empresas serão automaticamente enquadradas, segundo a natureza da respectiva atividade.

§ 3º A tabela será revista trienalmente pelo Ministério da Previdência e Assistência Social, de acordo com a experiência de risco verificada no período.

§ 4º O enquadramento individual na tabela, de iniciativa da empresa, poderá ser revisto pelo INPS, a qualquer tempo.

Na época, foi uma mudança tranquila e de baixo custo para todos. O INPS era uma força em termos de atendimento médico. O INPS possuía os melhores hospitais do país, construídos pelos grandes institutos anteriores ao INPS e dos quais ele se originou. Também tinha o SAMDU para os primeiros socorros e pronto atendimento. Foram montados postos de benefícios exclusivos para atendimento aos acidentados.

A Portaria n. 3.214, de 08.06.1978, baseada nas Convenções da Organização Internacional do Trabalho – OIT, estabeleceu a obrigatoriedade da CIPA e do SESMT nas empresas. Este documento representou um marco importante para que se desenvolvesse a cultura de segurança do trabalho no Brasil, já que até aquele momento era marcada pelo desprezo das normas pela certeza da impunidade.

Com esssas mudanças e por um bom tempo, o sistema funcionava muito bem, até que o INPS foi dividido em diversas autarquias ficando a assistência médica por conta do INAMPS e o INPS só concedendo e pagando os benefícios.

Ao longo do tempo o SAMDU deixou de existir e o INAMPS virou SUS. O acidentado (segurado contribuinte) ficou sem ter a quem recorrer. Ficou pior com a fusão do INPS com o IAPAS, onde foi criado o INSS. Houve uma descentralização dos atendimentos e o sistema de saúde começou a perder a sua antiga força. Mas o custo com o acidente só fazia crescer, dado naturalmente pelo crescimento da população e com a criação de novas empresas, principalmente novas indústrias.

Por mais que a legislação gerasse obrigações e custos adicionais às empresas, os índices de acidentes continuavam elevados, principalmente porque muitas delas só utilizam a CIPA, os Engenheiros e Técnicos de Segurança e os Médicos do Trabalho para cumprir a legislação, sem lhes dar o valor e apoio necessários. Documentos como as Atas da CIPA, e os PCMSO e PPRA não têm muita correspondência com a realidade de diversas empresas. Por isso, os custos sociais com acidentes continuaram com índices crescentes e preocupantes.

Portanto, as alíquotas de financiamento do acidente de trabalho sofreram um aumento com a publicação da Lei n. 8.212, de 24.07.1991.

Era assim:

I – 0,4% (quatro décimos por cento) para a empresa em cuja atividade o risco de acidente do trabalho seja considerado leve;

II – 1,2% (um e dois décimos por cento) para a empresa em cuja atividade esse risco seja considerado médio;

III – 2,5% (dois e meio por cento) para a empresa em cuja atividade esse risco seja considerado grave.

Ficou assim:

I – 1% (um por cento) para as empresas em cuja atividade preponderante o risco de acidentes do trabalho seja considerado leve;

II – 2% (dois por cento) para as empresas em cuja atividade preponderante esse risco seja considerado médio;

III – 3% (três por cento) para as empresas em cuja atividade preponderante esse risco seja considerado grave.

O tempo passou. Progresso, globalização, chegamos ao século XXI, aumento da população, aumento das empresas, aumento da pressão sobre a produtividade do trabalho, "stress", depressão, aumento das Lesões por Esforço Repetitivo – LER e dos Distúrbios Ósteo-Musculares Relacionados ao Trabalho – DORT, isto é, aumento das "doenças do trabalho" ou a ele relacionados. Acidentárias? A incidência de *"doença"* sem identificação da origem, os afastamentos, hospitalizações, mortes... o conceito amplo da doença do trabalho continuava sem a devida cobertura.

Hora de dividir a conta novamente...

E, assim, chegamos aos dias de hoje e ao Nexo Técnico Epidemiológico – NTEP.

O NTEP é uma nova metodologia de reconhecimento de doenças relacionadas ao trabalho em complementação à Comunicação de Acidente de Trabalho – CAT. Afinal continua valendo o conceito: *"Acidente do trabalho é o que ocorre pelo exercício do trabalho a serviço da empresa...."*.

Parâmetro adotado para atender ao enunciado acima:

Todos os males que têm nexo com o trabalho previamente estabelecidos:

– pensão por morte acidentária;

– auxílio-acidente;

– auxílio-doença acidentária;

– aposentadoria por invalidez acidentária.

Todos os afastamentos de alto risco cujo nexo com o trabalho não foi previamente estabelecido mas sinalisam para tal:

– auxílio-doença;

– aposentadoria por invalidez.

Em janeiro de 1999 foi implantada a GFIP (vinculada ao CNIS), instituída pela Lei n. 9.528, de 10.12.1997 e definida pelo Decreto n. 2.803, de 20.10.1998 para fazer com que a empresa informasse a situação de salubridade dos seus empregados já que a implantação do PPP – Perfil Profissiográfico Previdenciário ainda não tinha logrado ser aceito pelas empresas.

Em maio de 2003 a Lei n. 10.666, de 08.05.2003 e as resoluções do INSS 1.236/04 e 1.269/06 introduziram duas novas práticas na rotina de saúde ocupacional das empresas: o Fator Acidentário de Prevenção – FAP e o Nexo Técnico Previdenciário – NTEP.

Lei n. 11.430, de 26.12.2006

....

Art. 1º. A Lei n. 8.213, de 24/07/1991, passa a vigorar com as seguintes alterações, ...

"Art. 21-A – A perícia médica do INSS considerará caracterizada a natureza acidentária da incapacidade quando constatar ocorrência de nexo técnico epidemiológico entre

o trabalho e o agravo, decorrente da relação entre a atividade da empresa (CNAE) e a entidade mórbida motivadora da incapacidade elencada na Classificação Internacional de Doenças – CID, (...).

....

§ 2º A empresa poderá requerer a não aplicação do nexo técnico epidemiológico, de cuja decisão caberá recurso com efeito suspensivo, da empresa ou do segurado, ao Conselho de Recursos da Previdência Social."

As causas médicas dos afastamentos de uma dada empresa com um determinado CNAE – Código Nacional de Atividade Econômica serão epidemiologicamente confrontadas com as causas médicas de afastamentos encontrados na população geral.

Caberá à empresa, através de contraprovas consistentes, demonstrar a inexistência do suposto vínculo entre o afastamento e o trabalho, se for o caso com apresentação dos postos de trabalho, com as tarefas pertinentes a cada função, incluindo a descrição das ferramentas e ciclos do trabalho, tomando por base o Código Brasileiro de Ocupações (CBO).

Decreto n. 6.042, de 12.02.2007

....

Art. 2º A Perícia Médica do INSS caracterizará tecnicamente o acidente do trabalho mediante o reconhecimento do nexo entre o trabalho e o agravo.

Instrução Normativa INSS-Pres n. 31, de 10.09.2008

Art. 1º Estabelecer critérios para aplicação das diversas espécies de nexo técnico aos benefícios por incapacidade concedidos pelo INSS.

E, informa a razão das mudança:

1 – estabelecimento do nexo técnico entre o agravo à saúde do segurado e o trabalho por ele exercido;

2 – ineficácia da CAT, no registro das doenças do trabalho;

3 – subnotificação dos agravos à saúde do trabalhador;

CONSIDERANDOS

Considerando a adoção de parâmetros epidemiológicos como um dos critérios para o estabelecimento do nexo técnico entre o agravo à saúde do segurado e o trabalho por ele exercido;

Considerando que a notificação dos agravos à saúde do trabalhador, por intermédio da Comunicação de Acidente de Trabalho – CAT, vem se mostrando um instrumento ineficaz no registro das doenças do trabalho; ...

Considerando que a subnotificação dos agravos à saúde do trabalhador compromete o estabelecimento de políticas públicas de controle de riscos laborais; e

Considerando a necessidade de estabelecer critérios e uniformizar procedimentos na aplicação do Nexo Técnico Previdenciário, na concessão dos benefícios por incapacidade,

Resolve:

Art. 1º. Estabelecer critérios para aplicação das diversas espécies de nexo técnico aos benefícios por incapacidade concedidos pelo INSS.

Art. 2º. A Perícia Médica do INSS caracterizará tecnicamente o acidente do trabalho mediante o reconhecimento do nexo entre o trabalho e o agravo.

....

Art. 3º. O nexo técnico previdenciário poderá ser de natureza causal ou não, havendo três espécies:

I – nexo técnico profissional ou do trabalho, fundamentado nas associações entre patologias e exposições constantes das listas A e B do anexo II do Decreto n. 3.048/99;

II – nexo técnico por doença equiparada a acidente de trabalho ou nexo técnico individual, decorrente de acidentes de trabalho típicos ou de trajeto, bem como de condições especiais em que o trabalho é realizado e com ele relacionado diretamente, nos termos do § 2º do art. 20 da Lei n. 8.213/91;

III – nexo técnico epidemiológico previdenciário, aplicável quando houver significância estatística da associação entre o CID, e o CNAE, na parte inserida pelo Dec. n. 6.042/07, na lista B do anexo II do Decreto n. 3.048/99;

Art. 4º. Os agravos associados aos agentes etiológicos ou fatores de risco de natureza profissional e do trabalho das listas A e B do anexo II do Decreto n. 3.048/99, presentes nas atividades econômicas dos empregadores, cujo segurado tenha sido exposto, ainda que parcial e indiretamente, serão considerados doenças profissionais ou do trabalho, nos termos dos incisos I e II, do art. 20 da Lei n. 8.213/91.

Como a Previdência Social está totalmente informatizada, o "Nexo" será encontrado por meio do cruzamento entre as causas médicas por intermédio dos CID – Classificação Internacional de Doenças, utilizado em todos os pedidos de auxílio-doença e o CNAE – Código Nacional de Atividade Econômica das empresas.

Isto quer dizer que se o INSS detectar que o fato de se trabalhar numa determinada empresa (de um determinado CNAE restrito) "epidemiologicamente" aumenta o risco de se contrair uma determinada doença (identificada pelo médico perito por meio do CID) então, até que se prove o contrário (contraprova a cargo da empresa), esta doença será tratada como sendo relacionada ao trabalho.

Considera-se agravo: a lesão, a doença, o transtorno de saúde, o distúrbio, a disfunção ou a síndrome de evolução aguda, subaguda ou crônica, de natureza clínica ou subclínica, inclusive morte, independentemente do tempo de latência.

A perícia médica do INSS poderá deixar de aplicar o NTEP quando dispuser de informações que evidenciem a inexistência do "nexo causal" entre o trabalho e o agravo. O NTEP não garante benefício acidentário automaticamente.

A perícia médica do INSS pode constatar a existência do nexo, mas não conceder o benefício por não haver (ainda) incapacidade laborativa por parte do segurado.

Nesse caso o benefício será negado mas, o valor estatístico estará valendo. O NTEP não dispensa o exame por parte da perícia médica do INSS, que pode confirmar ou descaracterizar o NTEP, havendo elementos.

Reconhecido o acidente a partir do NTEP, não incidirá multa pela não apresentação de CAT. (artigo 22, § 5º da Lei n. 8.213/91)

Instrução Normativa INSS/PRES. n. 20, de 10.10.2007

....

Art. 218. Quando do requerimento da pensão, o reconhecimento técnico do nexo entre a causa mortis e o acidente ou a doença, será realizado pela Perícia Médica, mediante análise documental, nos casos de óbitos decorrentes de acidente do trabalho ou de doença ocupacional, independente do segurado haver falecido em gozo de benefício acidentário, devendo ser encaminhados àquele setor os seguintes documentos:

I – cópia da Comunicação de Acidente de Trabalho – CAT;

II – Certidão de Óbito;

III – Laudo do Exame Cadavérico, se houver;

IV – Boletim de Registro Policial, se houver.

12ª Parte
FAP – Fator Acidentário de Prevenção

O Fator Acidentário de Prevenção – FAP é um fator multiplicador variável entre 0,5 e 2,0, que é aplicado sobre o SAT, levando em conta os seguintes elementos:

- A GRAVIDADE da lesão ou doença;
- A FREQUÊNCIA com que ocorrem eventos na empresa; e
- OS CUSTOS, valores gastos pelo INSS para recuperar o empregado/segurado.

Em resumo:
- Se a Empresa investe na proteção dos empregados, paga SAT menor;
- Se a Empresa "não" investe na proteção dos empregados, paga SAT maior.

O objetivo do Fator Acidentário de Prevenção – FAP, é incentivar a melhoria das condições de trabalho e da saúde do trabalhador estimulando as empresas a implementarem políticas mais efetivas de Saúde e Segurança no Trabalho, para a redução dos casos de acidentes e doenças do trabalho.

Ganhos para a sociedade:

Conhecimento da realidade, mascarada pela subnotificação de acidentes permitindo o estabelecimento de políticas públicas mais eficazes, forçando com isso a redução dos riscos. Garantia de atendimento adequado aos acidentados do trabalho. Dignidade da pessoa humana. Incentivar investimentos em Segurança e Saúde no Trabalho – SST. Redução de custos sociais. Distribuição equitativa dos custos dos riscos sociais, justiça fiscal.

Ganhos para a Previdência Social:

Reconhecimento dos esforços de empresas que investem na melhoria das condições de trabalho. Ampliar a responsabilidade social da empresa. Utilizar um tratamento justo para as empresas de um mesmo ramo de atividade mas com desempenho e consequentes danos diferenciados, devendo contribuir de forma diferenciada.

Ganhos para as empresas (investimento em SST):
- Redução de custos;
- Vantagem competitiva;
- Retorno econômico;
- Melhor imagem mercadológica;
- Incentivo tributário como vantagem competitiva;
- Retorno econômico em razão da gestão dos riscos ocupacionais;
- Redução da contribuição do SAT.

VANTAGENS para os empregados:
- Inversão do ônus da prova; e
- Reconhecimento dos direitos a:
  1 – Benefícios acidentários;
  2 – Depósito de FGTS;
  3 – Estabilidade;
  4 – Indenização.

Para quais fatores as empresas deverão ficar atentas:
- Adequar-se às alterações nos paradigmas médicos de afastamento;
- Atentar para doenças comuns que podem gerar afastamento(doenças cardíacas, gástricas, urológicas etc.);
- Implementar medidas para redução de doenças ósteomoleculares, psicossociais e também acidentes típicos;
- Correta classificação no CNAE (a cada 2 anos o CNAE será revisto);
- Atentar para os prazos de recurso a partir da ciência do fato.

A empresa deverá demonstrar que gerencia adequadamente o ambiente de trabalho, eliminando e controlando os agentes nocivos à saúde e à integridade física dos trabalhadores. Essa é a única forma de reduzir o enquadramento que lhe for atribuído pelo INSS.

Portanto, a empresa poderá pagar desde a metade (0,5) do SAT até o seu dobro (2,0), dependendo das suas ações na prevenção de doenças associadas ao trabalho ou na prevenção de acidentes de trabalho.

Decreto n. 3.048, de 06.05.1999

....

Art. 203

§ 1º A alteração do enquadramento estará condicionada à inexistência de débitos em relação às contribuições devidas ao INSS (...).

§ 2º *O INSS (...), implementará sistema de controle e acompanhamento de acidentes do trabalho.*

§ 3º *Verificado o descumprimento por parte da empresa dos requisitos fixados pelo MPAS, para fins de enquadramento de que trata o artigo anterior, o INSS procederá à notificação dos valores devidos.*

....

Art.204. *As contribuições a cargo da empresa, provenientes do faturamento e do lucro, destinadas à seguridade social, são arrecadadas, normatizadas, fiscalizadas e cobradas pela Secretaria da Receita Federal. (Redação dada pelo* Decreto n. 4.729, de 9/06/2003*)*

....

Art. 201-D.

....

I – *até 31 de dezembro de 2009, a empresa deverá implementar programa de prevenção de riscos ambientais e de doenças ocupacionais, que estabeleça metas de melhoria das condições e do ambiente de trabalho que reduzam a ocorrência de benefícios por incapacidade decorrentes de acidentes do trabalho ou doenças ocupacionais, em pelo menos cinco por cento, em relação ao ano anterior, observado o seguinte: (Incluído pelo* Decreto n. 6.945, de 21/08/2009*)*

II – *até 31 de dezembro de 2010, a empresa que comprovar estar executando o programa de prevenção de riscos ambientais e de doenças ocupacionais implantado nos prazo e forma estabelecidos no inciso I, terá presumido o atendimento à exigência fixada no inciso I do § 9º do art. 14 da* Lei n. 11.774, de 17 de setembro de 2008; *(Incluído pelo* Decreto n. 6.945, de 21/08/2009*)*

III – *a partir de 1º de janeiro de 2011, a empresa deverá comprovar a eficácia do respectivo programa de prevenção de riscos ambientais e de doenças ocupacionais, por meio de relatórios que atestem o atendimento da meta de redução de sinistralidade nele estabelecida; (Incluído pelo* Decreto n. 6.945, de 21/08/2009*)*

§ 5º. *O Ministério da Previdência Social publicará anualmente, sempre no mesmo mês, no Diário Oficial da União, os róis dos percentis de frequência, gravidade e custo por Subclasse da Classificação Nacional de Atividades Econômicas - CNAE e divulgará na rede mundial de computadores o FAP de cada empresa, com as respectivas ordens de frequência, gravidade, custo e demais elementos que possibilitem a esta verificar o respectivo desempenho dentro da sua CNAE-Subclasse. (Alterado pelo* Decreto n. 6.957, de 9/9/2009*)*

....

§ 7º. *Para o cálculo anual do FAP, serão utilizados os dados de janeiro a dezembro de cada ano, até completar o período de dois anos, a partir do qual os dados do ano inicial serão substituídos pelos novos dados anuais incorporados. (Alterado pelo* Decreto n. 6.957, de 9/9/2009*)*

§ 8º. *Para a empresa constituída após janeiro de 2007, o FAP será calculado a partir de 1º de janeiro do ano seguinte ao que completar dois anos de constituição. (Alterado pelo* Decreto n. 6.957, de 9/9/2009*)*

§ 9º. *Excepcionalmente, no primeiro processamento do FAP serão utilizados os dados de abril de 2007 a dezembro de 2008. (Alterado pelo* Decreto n. 6.957, de 9/9/2009*)*

§ 10. *A metodologia aprovada pelo Conselho Nacional de Previdência Social indicará a sistemática de cálculo e a forma de aplicação de índices e critérios acessórios à composição do índice composto do FAP. (Incluído pelo* Decreto n. 6.957, de 9/9/2009)

Art. 202-B. *O FAP atribuído às empresas pelo Ministério da Previdência Social poderá ser contestado perante o Departamento de Políticas de Saúde e Segurança Ocupacional da Secretaria de Políticas de Previdência Social do Ministério da Previdência Social, no prazo de trinta dias da sua divulgação oficial. (Incluído pelo Decreto n. 7.126, de 3 de março de 2010)*

§ 1º *A contestação de que trata o caput deverá versar, exclusivamente, sobre razões relativas a divergências quanto aos elementos previdenciários que compõem o cálculo do FAP. (Incluído pelo Decreto n. 7.126, de 3 de março de 2010)*

§ 2º *Da decisão proferida pelo Departamento de Políticas de Saúde e Segurança Ocupacional, caberá recurso, no prazo de trinta dias da intimação da decisão, para a Secretaria de Políticas de Previdência Social, que examinará a matéria em caráter terminativo. (Incluído pelo Decreto n. 7.126, de 3 de março de 2010)*

§ 3º *O processo administrativo de que trata este artigo tem efeito suspensivo (Incluído pelo Decreto n. 7.126, de 3 de março de 2010)*

Art. 203. *A fim de estimular investimentos destinados a diminuir os riscos ambientais no trabalho, o Ministério da Previdência e Assistência Social poderá alterar o enquadramento de empresa que demonstre a melhoria das condições do trabalho, com redução dos agravos à saúde do trabalhador, obtida através de investimentos em prevenção e em sistemas gerenciais de risco.*

Art. 204. *As contribuições a cargo da empresa, provenientes do faturamento e do lucro, destinadas à seguridade social, são arrecadadas, normatizadas, fiscalizadas e cobradas pela Secretaria da Receita Federal. (Redação dada pelo* Decreto n. 4.729, de 9/06/2003)

O anexo à *Resolução MPS/CNPS n. 1.308, de 27.05.2009* relaciona os elementos que serão levados em conta para levantamento do FAP:

- Evento (CAT ou doença do trabalho);
- Período-base (duração do benefício);
- Frequência (número de registros);
- Gravidade (intensidade da ocorrência acidentária);
- Custos (gastos do INSS com o pagamento de benefícios);
- Vínculo empregatício (NIT x CNPJ);
- Vínculos Empregatícios (vínculos em cada empresa – CNIS);
- DIB (data do início do benefício);
- DCB (data da cessação do benefício);
- Idade (do segurado no início do benefício);
- Salário (de benefício);
- CNAE;
- Taxa de rotatividade (este elemento foi incluído pela *Resolução MPS/CNPS n. 1.309, de 24.06.2009*).

A taxa média de rotatividade do CNPJ consiste na média aritmética resultante das taxas de rotatividade verificadas anualmente na empresa, dentro de um período total de dois anos. A taxa de rotatividade anual é a razão entre o número de admissões ou de rescisões (considerando-se sempre o menor), sobre o número de vínculos na empresa no início de cada ano de apuração, excluídas as admissões que representarem apenas crescimento e as rescisões que representarem diminuição do número de trabalhadores do respectivo CNPJ.

Após a obtenção do índice do FAP, conforme metodologia definida no Anexo da Resolução MPS/CNPS n. 1.308, de 27.05.2009, não será concedida a bonificação para as empresas cuja taxa média de rotatividade for superior a 75% (setenta e cinco por cento).

A taxa média de rotatividade faz parte do modelo do FAP para evitar que as empresas que mantêm por mais tempo os seus trabalhadores sejam prejudicadas por assumirem toda a acidentalidade.

As empresas que apresentam taxa média de rotatividade acima de 75% (setenta e cinco por cento) não poderão receber redução de alíquota do FAP, salvo se comprovarem que tenham sido observadas as normas de Saúde e Segurança do Trabalho – SST, em caso de demissões voluntárias ou término de obra.

Isto é, mesmo que o índice de acidentes/doença seja pequeno, se a rotatividade da empresa for grande, não haverá redução da alíquota.

MOSTRANDO VALORES – CÁLCULOS

Decreto n. 3.048, de 06.05.1999

(Alterações incluídas pelo Decreto n. 6.957, de 09.09.2009)

....

Art. 202-A. *As alíquotas constantes nos* incisos I *a* III do art. 202 *serão reduzidas em até cinquenta por cento ou aumentadas em até cem por cento, em razão do desempenho da empresa em relação à sua respectiva atividade, aferido pelo Fator Acidentário de Prevenção – FAP. (Incluído pelo* Decreto n. 6.042 – de 12/2/2007)

§ 1º *O FAP consiste num multiplicador variável num intervalo contínuo de cinco décimos (0,5000) a dois inteiros (2,0000), aplicado com quatro casas decimais, considerado o critério de arredondamento na quarta casa decimal, a ser aplicado à respectiva alíquota.***

Redução pela metade ou aumento pelo dobro, podendo variar de 0,5% até 6%.

CNAE	ANTES	DEPOIS
Grau leve	1%	0,5000 a 2,0000
Grau médio	2%	1,0000 a 4,0000
Grau grave	3%	1,5000 a 6,0000

§ 2º. Para fins da redução ou majoração a que se refere o caput, proceder-se-á à discriminação do desempenho da empresa, dentro da respectiva atividade econômica, a partir da criação de um índice composto pelos índices de gravidade, de frequência e de custo que pondera os respectivos percentis com pesos de 50%, 35% e de 15%, respectivamente.

A empresa será comparada com todas as outras da mesma CNAE Subclasse e ganhará uma "nota" de acordo com o seu desempenho.

§ 3º. revogado.

§ 4º. Os índices de frequência, gravidade e custo serão calculados segundo metodologia aprovada pelo Conselho Nacional de Previdência Social, levando-se em conta: **

I – para o índice de frequência, os registros de acidentes e doenças do trabalho informados ao INSS por meio de Comunicação de Acidente do Trabalho - CAT e de benefícios acidentários estabelecidos por nexos técnicos pela perícia médica do INSS, ainda que sem CAT a eles vinculados; **

II – para o índice de gravidade, todos os casos de auxílio-doença, auxílio-acidente, aposentadoria por invalidez e pensão por morte, todos de natureza acidentária, aos quais são atribuídos pesos diferentes em razão da gravidade da ocorrência, como segue:**

a) pensão por morte: peso de 50%; **

b) aposentadoria por invalidez: peso de 30%; e **

c) auxílio-doença e auxílio-acidente: peso de 10% para cada um; e **

III – para o índice de custo, os valores dos benefícios de natureza acidentária pagos ou devidos pela Previdência Social, apurados da seguinte forma:**

a) nos casos de auxílio-doença, com base no tempo de afastamento do trabalhador, em meses e fração de mês; e**

b) nos casos de morte ou de invalidez, parcial ou total, mediante projeção da expectativa de sobrevida do segurado, na data de início do benefício, a partir da tábua de mortalidade construída pela Fundação Instituto Brasileiro de Geografia e Estatística - IBGE para toda a população brasileira, considerando-se a média nacional única para ambos os sexos.**

§ 5º. O Ministério da Previdência Social publicará anualmente, sempre no mesmo mês, no Diário Oficial da União, os róis dos percentis de frequência, gravidade e custo por Subclasse da Classificação Nacional de Atividades Econômicas - CNAE e divulgará na rede mundial de computadores o FAP de cada empresa, com as respectivas ordens de frequência, gravidade, custo e demais elementos que possibilitem a esta verificar o respectivo desempenho dentro da sua CNAE-Subclasse. **

Ficam mantidos os acréscimos relativos ao financiamento da aposentadoria especial.

PARÂMETRO ADOTADO

As doenças e lesões selecionadas passam a compor um agrupamento móvel de morbidade específico para a categoria da Classificação de Atividade Econômica. Em função desse grupo são calculados coeficientes de FREQUÊNCIA, GRAVIDADE e CUSTO.

ÍNDICE DE FREQUÊNCIA

Razão entre o número total dos benefícios considerados e o número médio de vínculos empregatícios:

$$IF = \frac{(B\text{-}91 + B\text{-}92 + B\text{-}93)}{\text{média de vínculos}} \times 1000$$

ÍNDICE DE GRAVIDADE

Razão entre a soma das idades, em dias, dos benefícios B-91, B-92, B-93 e B-94 pela quantidade de dias potencialmente trabalhados, obtido a partir do produto do número médio de vínculos empregatícios pela constante 365,25:

$$IG = B\text{-}91(\text{peso } 10\%) + B\text{-}92(\text{peso } 30\%) + B\text{-}93(\text{peso } 50\%) + B\text{-}94(\text{peso } 10\%)$$

ÍNDICE DE CUSTO

Razão entre os valores desembolsados pelo INSS para pagamentos dos benefícios e o valor médio potencialmente arrecadado relativo ao SAT, declarado em GFIP pelas empresas:

IC = valor pago pelo INSS ÷ valor potencial arrecadado pelo INSS

AGRUPAMENTO

Os três coeficientes são combinados em análise tridimensional como vetores espaciais cuja faixa de variabilidade padronizada é estimada. Dado um conjunto de CNAE, cada um deles medido segundo as 3 variáveis (coeficientes de frequência, gravidade e custo), deve-se agrupá-los em 3 conjuntos, aos quais serão atribuídas as alíquotas de 1%, 2% e 3%. Após o cálculo dos índices de frequência, de gravidade e de custo, são atribuídos os percentis de ordem para as empresas por setor (Subclasse da CNAE) para cada um desses índices.

Como podemos observar, o FAP é uma classificação atribuída às empresas de uma forma individualizada, mas ao mesmo tempo comparativa. A nota é dada pela comparação do desempenho de todas as empresas do mesmo CNAE Subclasse.

Para calcular o percentil é necessário acessar, no *site* da Previdência, o ordenamento dado à sua empresa em termos de proteção ao empregado, quantas empresas são melhores que a sua, quantas têm melhor desempenho e, portanto, uma cobrança de FAP menor.

Se por exemplo existirem no país 48 empresas fazendo o mesmo trabalho – mesmo CNAE Subclasse – e seu ordenamento de percentis for 23 significa que sua empresa precisa melhorar muito no quesito proteção e que seu FAP será maior do que das outras de pontuação melhor.

Agora, é muito importante lembrar que todos esses cálculos são efetuados pela DATAPREV e as informações estão disponibilizadas às empresas via internet.

Para o cálculo anual do FAP, serão utilizados os dados de dois anos imediatamente anteriores ao ano de processamento. Excepcionalmente, o primeiro processamento do FAP utilizou os dados de abril de 2007 a dezembro de 2008.

Para as empresas constituídas após janeiro de 2007, o FAP será calculado no ano seguinte ao que completar dois anos de constituição.

13ª Parte
Outras regras

ACUMULAÇÃO DE BENEFÍCIOS

Alguns benefícios não podem ser recebidos ao mesmo tempo, é necessário o encerramento de um para se adquirir o direito ao outro. Geralmente isso se caracteriza pelo custeio do benefício.

Como um segurado poderia receber um auxílio-doença juntamente com uma aposentadoria se a fonte de custeio é única e se trata do mesmo contribuinte?

Em contrapartida, pensão por morte pode ser acumulada com aposentadoria porque as fontes de custeio desses benefícios são diferentes. Uma é originada do próprio trabalho e a outra foi custeada por alguém de quem o recebedor era dependente.

> Lei n. 8.213, de 24.07.1991
>
> Art. 124 ....
>
> *Salvo no caso de direito adquirido, não é permitido o recebimento conjunto dos seguintes benefícios da Previdência Social:*
>
> *I – aposentadoria e auxílio-doença;*
>
> *II – mais de uma aposentadoria; (Redação dada pela Lei n. 9.032, de 28.4.95)*
>
> *III – aposentadoria e abono de permanência em serviço;*
>
> *IV – salário-maternidade e auxílio-doença; (Inciso acrescentado pela Lei n. 9.032, de 28.4.95)*
>
> *V – mais de um auxílio-acidente; (Inciso acrescentado pela Lei n. 9.032, de 28.4.95)*
>
> *VI – mais de uma pensão deixada por cônjuge ou companheiro, ressalvado o direito de opção pela mais vantajosa. (Inciso acrescentado pela Lei n. 9.032, de 28.4.95)*

Observe que a acumulação só é proibida para cônjuges ou companheiros. É permitida a acumulação de pensão caso seja outro tipo de segurado (filho, pai ou mãe).

Parágrafo único. É vedado o recebimento conjunto do seguro-desemprego com qualquer benefício de prestação continuada da Previdência Social, exceto pensão por morte ou auxílio-acidente. (Parágrafo único acrescentado pela Lei n. 9.032, de 28.4.95)

ATIVIDADES CONCOMITANTES

Atividade concomitante é quando um segurado tem mais de um emprego ou atividade ao mesmo tempo no momento da aposentadoria. Não importa o tipo de função que ele exerce. O que é relevante é que o segurado tem duas ou mais fontes de rendimentos tributáveis pelo INSS.

O segurado não precisa ter necessariamente tempo de contribuição suficiente nas duas atividades, basta ter cumprido o tempo e ter a carência em uma das atividades.

A atividade "**mais longa**" será a base para a concessão do benefício. Se esta atividade apresentar os maiores rendimentos, melhor será a sua aposentadoria. Mas se esta atividade apresentar os menores rendimentos, sua renda mensal ficará comprometida por estes valores menores.

Se o segurado tem ou teve dupla ou múltiplas atividades concomitantes no momento da concessão do benefício, o tempo de serviço das diversas atividades será contado do primeiro contrato até a última demissão, considerando a superposição existente, não sendo contado em dobro o tempo concomitante.

Vamos mostrar esta situação dando um exemplo:

Atividade A – 35 anos de contribuição;

Atividade B – 7 anos de contribuição.

O segurado pode se aposentar, pois já atingiu o limite de tempo legal.

Agora, vamos ver como se calcula o valor de um benefício conquistado com as atividades concomitantes acima.

Atividade A – Recebe R$ 1.000,00 por mês.

Média dos salários de contribuição utilizados integralmente = R$ 1.000,00.

Atividade B – Recebe R$ 2.800,00 por mês.

Média dos salários de contribuição utilizados proporcionalmente – 07/35 (se mulher 30) ávos de R$ 2.800,00 = R$ 560,00.

A média aritmética simples da atividade mais antiga será utilizada integralmente, e a média aritmética simples da atividade mais recente será utilizada em tantos ávos quanto sejam os anos de existência dessa atividade.

A soma da média encontrada será o que vai gerar a aposentadoria. Perceba que como a atividade mais antiga tem o salário menor, compromete o valor final do benefício.

Lei n. 8.213, de 24.07.1991

Art. 32. *O salário de benefício do segurado que contribuir em razão de atividades concomitantes será calculado com base na soma dos salários de contribuição das atividades exercidas na data do requerimento ou do óbito, ou no período básico de cálculo, observado o disposto no art. 29 e as normas seguintes:*

I – quando o segurado satisfizer, em relação a cada atividade, as condições do benefício requerido, o salário de benefício será calculado com base na soma dos respectivos salários de contribuição;

II – quando não se verificar a hipótese do inciso anterior, o salário de benefício corresponde à soma das seguintes parcelas:

a) o salário de benefício calculado com base nos salários de contribuição das atividades em relação às quais são atendidas as condições do benefício requerido;

b) um percentual da média do salário de contribuição de cada uma das demais atividades, equivalente à relação entre o número de meses completo de contribuição e os do período de carência do benefício requerido;

III – quando se tratar de benefício por tempo de serviço, o percentual da alínea "b" do inciso II será o resultante da relação entre os anos completos de atividade e o número de anos de serviço considerado para a concessão do benefício.

§ 1º O disposto neste artigo não se aplica ao segurado que, em obediência ao limite máximo do salário de contribuição, contribuiu apenas por uma das atividades concomitantes.

§ 2º Não se aplica o disposto neste artigo ao segurado que tenha sofrido redução do salário de contribuição das atividades concomitantes em respeito ao limite máximo desse salário.

Quando o segurado exerce simultaneamente mais de uma atividade, de filiação obrigatória à Previdência Social, torna-se obrigatório o recolhimento da contribuição previdenciária sobre todos os salários percebidos, naturalmente limitado ao teto máximo mensal que é de 10 (dez) salários de contribuição.

No caso da remuneração total do segurado ultrapassar o limite estabelecido, o salário de contribuição em cada atividade será calculado proporcionalmente à respectiva remuneração, de forma que a soma obedeça àquele limite.

As empresas mantêm a obrigação de contribuir sobre o total dos salários pagos, em respeito ao limite máximo mensal de seus encargos previdenciários.

Para calcularmos a proporcionalidade referente ao valor recebido em cada empresa é necessário que seja conhecido o salário de contribuição do empregado em todas as empresas. A alíquota para o desconto e recolhimento da contribuição será estabelecida em função do total recebido em todas as empresas e não de cada uma separadamente.

COMPROVAÇÃO DE ATIVIDADE RURAL

O trabalhador rural que trabalhar a vida inteira na lavoura, ao completar 60 anos se homem e 55 anos se mulher, terá a garantia de uma aposentadoria por idade no valor de 1 salário mínimo, mesmo que nunca tenha contribuído.

Se esse lavrador um dia for "tentar a sorte na cidade", terá de se adequar às normas da legislação urbana, não lhe sendo garantido o aproveitamento do tempo rural, visto não ter havido contribuição para o RGPS naquele período.

Decreto n. 3.048, 06.05.1999

....

Art. 62. A prova de tempo de serviço, considerado tempo de contribuição na forma do art. 60, observado o disposto no art. 19 e, no que couber, as peculiaridades do segurado de que tratam as alíneas "j" e "l" do inciso V do **caput** *do art. 9º e do art. 11, é feita mediante documentos que comprovem o exercício de atividade nos períodos a serem contados, devendo esses documentos ser contemporâneos dos fatos a comprovar e mencionar as datas de início e término e, quando se tratar de trabalhador avulso, a duração do trabalho e a condição em que foi prestado.* **(Redação dada pelo** <u>**Decreto n. 4.079, de 9/01/2002**</u>**)**

A prova da atividade rural é feita pelo candidato à aposentadoria urbana por:

– contrato de arrendamento, parceria ou comodato rural;

– comprovante de cadastro do Instituto Nacional de Colonização e Reforma Agrária, no caso de produtores em regime de economia familiar;

–bloco de notas do produtor rural; ou

–declaração de sindicato de trabalhadores rurais ou colônia de pescadores, desde que homologada pelo Instituto Nacional do Seguro Social. (O fiscal da Previdência vai lá fazer sindicância para comprovar a verdade.)

§ 3º. Na falta de documento contemporâneo podem ser aceitos declaração do empregador ou seu preposto, atestado de empresa ainda existente, certificado ou certidão de entidade oficial dos quais constem os dados previstos no **caput** *deste artigo, desde que extraídos de registros efetivamente existentes e acessíveis à fiscalização do Instituto Nacional do Seguro Social.* **(Parágrafo restabelecido pelo** <u>**Decreto n. 4.729, de 9/06/2003**</u>**)**

§ 4º. Se o documento apresentado pelo segurado não atender ao estabelecido neste artigo, a prova exigida pode ser complementada por outros documentos que levem à convicção do fato a comprovar, inclusive mediante Justificação Administrativa – JA.

§ 5º. A comprovação realizada mediante justificação administrativa ou judicial só produz efeito perante a previdência social quando baseada em início de prova material. (Parágrafo restabelecido pelo <u>*Decreto n. 4.729, de 9/06/2003*</u>*)*

Não basta as testemunhas declararem "*com as mãos sobre a Bíblia*" que é verdade. Tem que apresentar prova material.

§ 6º. A prova material somente terá validade para a pessoa referida no documento, não sendo permitida sua utilização por outras pessoas. (Parágrafo restabelecido pelo <u>*Decreto n. 4.729, de 9/06/2003*</u>*)*

E não basta o segurado provar que seu pai tinha terras e que ele nasceu na roça. A comprovação da atividade agrícola nesse caso só serviria para o seu pai.

> Art. 63. Não será admitida prova exclusivamente testemunhal para efeito de comprovação de tempo de serviço ou de contribuição, salvo na ocorrência de motivo de força maior ou caso fortuito, observado o disposto no § 2º do art. 143.

JUSTIFICATIVA ADMINISTRATIVA – JA

Quando o segurado necessita apresentar prova de fato ou de circunstância, fora de rotina, perante a Previdência Social, com o intuito de comprovar tempo de serviço, dependência econômica ou relação de parentesco, é a Justificativa Administrativa – JA que será acionada para análise da documentação apresentada e audiência das testemunhas, quando for o caso.

Na JA não será necessária a apresentação somente de documentação formal, serve qualquer elemento que comprove a verdade que se quer provar.

> Lei n. 8.213, de 24.07.1991
>
> ....
>
> Art. 108. Mediante justificação processada perante a Previdência Social, observado o disposto no § 3º do art. 55 e na forma estabelecida no Regulamento, poderá ser suprida a falta de documento ou provado ato do interesse de beneficiário ou empresa, salvo no que se refere a registro público.

LIMITE MÍNIMO DE IDADE PARA INGRESSO NO RGPS

O limite mínimo de idade para ingresso na Previdência Social dos segurados que exercem atividade urbana ou rural teve as seguintes variações:

1) Até 28.02.1967 = 14 anos;

2) De 01.03.1967 a 04.10.1988 = 12 anos;

3) De 05.10.1988 a 15.12.1998 = 14 anos, sendo permitida a filiação de menor aprendiz a partir de 12 anos; e

4) A partir de 16.12.1998 = 16 anos, exceto para o menor aprendiz que pode iniciar a partir de 14 anos.

MENOR VALOR TETO / MAIOR VALOR TETO

A Previdência Social tem limites mínimo e máximo para salários de contribuição e salários de benefício.

A menor contribuição será calculada sobre o salário mínimo vigente e a maior contribuição será calculada sobre o valor do teto máximo da Previdência.

Sendo assim, nenhum benefício poderá ter o seu valor inferior ao do salário mínimo (excessão feita ao Auxílio-Acidente) e o valor máximo pago a um benefício ficará limitado ao teto máximo da previdência.

RECURSOS ADMINISTRATIVOS

O segurado do INSS tem direito a solicitar recursos administrativos, quando não estiver satisfeito com as decisões tomadas nos postos de benefícios do INSS.

Não concordando com uma determinada decisão do posto de benefício, o segurado deverá entrar com um recurso para a **JRPS – Junta de Recursos da Previdência Social**, que atua em nível estadual (Superintendência Regional).

Se o segurado tiver decisão contrária à sua pretensão, poderá, ainda, recorrer ao **CRPS – Conselho de Recursos da Previdência Social**, este em nível ministerial, antes de recorrer ao Código do Processo Civil.

Vale lembrar, que se a pretensão do segurado for o reconhecimento de prova material informal, essa análise pode ser feita pela JA – Junta Administrativa, que analisando o elemento apresentado homologará ou não o pretendido.

Mas é necessário que se observe que as decisões da JA são consideradas pelo INSS como decisão definitiva, não cabendo recurso para qualquer outra instância.

CONTAGEM RECÍPROCA DE TEMPO DE SERVIÇO

Lei n. 3.841, de 15.12.1960

Lei n. 6.226, de 14.06.1975

Lei n. 8.213, de 24.07.1991

Emenda Constitucional n. 20, de 15.12.1998

Emenda Constitucional n. 41, de 31.12.2003

As Leis n. 3.841, de 15.12.1960 e n. 6.226, de 14.06.1975, autorizam que os tempos de serviço prestados ao Estado e o tempo trabalhado sob o sistema previdenciário, sejam somados, para fins de benefícios, desde que não sejam concomitantes.

Portanto, se o interessado hoje, está sob o regime previdenciário e quiser aproveitar seu antigo tempo de servidor federal, estadual ou municipal, bastará apresentar nos balcões do INSS a devida CTC – Certidão de Tempo de Contribuição.

O contrário também é válido, basta que seja solicitada junto ao INSS a CTC – Certidão de Tempo de Contribuição, para a averbação do tempo de serviço no RGPS junto ao órgão em que o interessado estiver lotado.

Decreto n. 3.048, de 06.05.1999

Art. 125. Para efeito de contagem recíproca, hipótese em que os diferentes sistemas de previdência social compensar-se-ão financeiramente, é assegurado:

I – para fins dos benefícios previstos no Regime Geral de Previdência Social, o cômputo do tempo de contribuição na administração pública; e

II – para fins de emissão de certidão de tempo de contribuição, pelo Instituto Nacional do Seguro Social, para utilização no serviço público, o cômputo do tempo de contribuição na atividade privada, rural e urbana, observado o disposto no parágrafo único do art. 123, no § 13 do art. 216 e no § 8º do art. 239.

§ 1º Para os fins deste artigo, é vedada a conversão de tempo de serviço exercido em atividade sujeita a condições especiais, nos termos dos arts. 66 e 70, em tempo de contribuição comum, bem como a contagem de qualquer tempo de serviço fictício. (Parágrafo acrescentado pelo Decreto n. 4.729, de 9/06/2003)

§ 2º Admite-se a aplicação da contagem recíproca de tempo de contribuição no âmbito dos acordos internacionais de previdência social somente quando neles prevista. (Parágrafo acrescentado pelo Decreto n. 4.729, de 9/06/2003)

§ 3º É permitida a emissão de certidão de tempo de contribuição para períodos de contribuição posteriores à data da aposentadoria no Regime Geral de Previdência Social. (Parágrafo acrescentado pelo Decreto n. 4.729, de 9/06/2003)

Art. 126. O segurado terá direito de computar, para fins de concessão dos benefícios do Regime Geral de Previdência Social, o tempo de contribuição na administração pública federal direta, autárquica e fundacional. (Redação dada pelo Decreto n. 3.112, de 6.7.99)

Parágrafo único. Poderá ser contado o tempo de contribuição na administração pública direta, autárquica e fundacional dos Estados, do Distrito Federal e dos Municípios, desde que estes assegurem aos seus servidores, mediante legislação própria, a contagem de tempo de contribuição em atividade vinculada ao Regime Geral de Previdência Social.

Art. 127. O tempo de contribuição de que trata este Capítulo será contado de acordo com a legislação pertinente, observadas as seguintes normas:

I – não será admitida a contagem em dobro ou em outras condições especiais;

II – é vedada a contagem de tempo de contribuição no serviço público com o de contribuição na atividade privada, quando concomitantes;

III – não será contado por um regime o tempo de contribuição utilizado para concessão de aposentadoria por outro regime;

IV – o tempo de contribuição anterior ou posterior à obrigatoriedade de filiação à previdência social somente será contado mediante observância, quanto ao período respectivo, do disposto nos arts. 122 e 124; e

V – o tempo de contribuição do segurado trabalhador rural anterior à competência novembro de 1991 será computado, desde que observado o disposto no parágrafo único do art. 123, no § 13 do art. 216 e no § 8º do art. 239.

Art. 128. A certidão de tempo de contribuição anterior ou posterior à filiação obrigatória à previdência social somente será expedida mediante a observância do disposto nos arts. 122 e 124.

§ 1º A certidão de tempo de contribuição, para fins de averbação do tempo em outros regimes de previdência, somente será expedida pelo Instituto Nacional do Seguro Social após a comprovação da quitação de todos os valores devidos, inclusive de eventuais parcelamentos de débito.

§ 2º (Revogado pelo Decreto n. 3.265, de 29/11/99)

§ 3º Observado o disposto no § 6º do art. 62, a certidão de tempo de contribuição referente a período de atividade rural anterior à competência novembro de 1991 somente será emitida mediante comprovação do recolhimento das contribuições correspondentes ou indenização nos termos dos §§ 13 e 14 do art. 216, observado o disposto no § 8º do art. 239.

Art. 129. O segurado em gozo de auxílio-acidente, auxílio-suplementar ou abono de permanência em serviço terá o benefício encerrado na data da emissão da certidão de tempo de contribuição. (Redação dada pelo Decreto n. 4.729, de 9/06/2003)

Art. 130. O tempo de contribuição para regime próprio de previdência social ou para o Regime Geral de Previdência Social pode ser provado com certidão fornecida:

I – pelo setor competente da administração federal, estadual, do Distrito Federal e municipal, suas autarquias e fundações, relativamente ao tempo de contribuição para o respectivo regime próprio de previdência social; ou

II – pelo setor competente do Instituto Nacional do Seguro Social, relativamente ao tempo de contribuição para o Regime Geral de Previdência Social. (Revogado pelo Decreto n. 3.668, de 22/11/2000)

§ 1º O setor competente do Instituto Nacional do Seguro Social deverá promover o levantamento do tempo de filiação ao Regime Geral de Previdência Social à vista dos assentamentos internos ou das anotações na Carteira do Trabalho ou na Carteira de Trabalho e Previdência Social, ou de outros meios de prova admitidos em direito. (Redação dada pelo Decreto n. 3.668, de 22/11/2000)

§2º O setor competente do órgão federal, estadual, do Distrito Federal ou municipal deverá promover o levantamento do tempo de contribuição para o respectivo regime próprio de previdência social à vista dos assentamentos funcionais.

§ 3º Após as providências de que tratam os §§ 1º e 2º, e observado, quando for o caso, o disposto no § 9º, os setores competentes deverão emitir certidão de tempo de contribuição, sem rasuras, constando, obrigatoriamente: (Redação dada pelo Decreto n. 3.668, de 22/11/2000)

I – órgão expedidor;

II – nome do servidor e seu número de matrícula;

III – período de contribuição, de data a data, compreendido na certidão;

IV – fonte de informação;

V – discriminação da frequência durante o período abrangido pela certidão, indicadas as várias alterações, tais como faltas, licenças, suspensões e outras ocorrências;

VI – soma do tempo líquido;

VII – declaração expressa do servidor responsável pela certidão, indicando o tempo líquido de efetiva contribuição em dias, ou anos, meses e dias;

VIII – *assinatura do responsável pela certidão, visada pelo dirigente do órgão expedidor; e*

IX – *indicação da lei que assegure, aos servidores do Estado, do Distrito Federal ou do Município, aposentadorias por invalidez, idade, tempo de contribuição e compulsória, e pensão por morte, com aproveitamento de tempo de contribuição prestado em atividade vinculada ao Regime Geral de Previdência Social.*

§ 4º *A certidão de tempo de contribuição deverá ser expedida em duas vias, das quais a primeira será fornecida ao interessado, mediante recibo passado na segunda via, implicando sua concordância quanto ao tempo certificado.*

§ 5º *O Instituto Nacional do Seguro Social deverá efetuar, na Carteira de Trabalho e Previdência Social, se o interessado a possuir, a anotação seguinte:*

"Certifico que nesta data foi fornecida ao portador desta, para os efeitos da Lei n. 8.213, de 24 de julho de 1991, certidão de tempo de contribuição, consignando o tempo líquido de efetiva contribuição de .... dias, correspondendo a .... anos, ... meses e .... dias, abrangendo o período de .... a ...."

§ 6º *As anotações a que se refere o § 5º devem ser assinadas pelo servidor responsável e conter o visto do dirigente do órgão competente.*

§ 7º *Quando solicitado pelo segurado que exerce cargos constitucionalmente acumuláveis, é permitida a emissão de certidão única com destinação do tempo de contribuição para, no máximo, dois órgãos distintos.*

§ 8º *Na situação do parágrafo anterior, a certidão de tempo de contribuição deverá ser expedida em três vias, das quais a primeira e a segunda serão fornecidas ao interessado, mediante recibo passado na terceira via, implicando sua concordância quanto ao tempo certificado.*

§ 9º *A certidão só poderá ser fornecida para os períodos de efetiva contribuição para o Regime Geral de Previdência Social, devendo ser excluídos aqueles para os quais não tenha havido contribuição, salvo se recolhida na forma dos §§ 7º a 14 do art. 216. (Parágrafo acrescentado pelo Decreto n. 3.668, de 22/11/2000)*

§ 10. *Poderá ser emitida, por solicitação do segurado, certidão de tempo de contribuição para período fracionado. (Parágrafo acrescentado pelo Decreto n. 3.668, de 22/11/2000)*

§ 11. *Na hipótese do parágrafo anterior, a certidão conterá informação de todo o tempo de contribuição ao Regime Geral de Previdência Social e a indicação dos períodos a serem aproveitados no regime próprio de previdência social. (Parágrafo acrescentado pelo Decreto n. 3.668, de 22/11/2000)*

§ 12. *É vedada a contagem de tempo de contribuição de atividade privada com a do serviço público, quando concomitantes. (Parágrafo acrescentado pelo Decreto n. 3.668, de 22/11/2000)*

§ 13. *Em hipótese alguma será expedida certidão de tempo de contribuição para período que já tiver sido utilizado para a concessão de aposentadoria, em qualquer regime de previdência social. (Parágrafo acrescentado pelo Decreto n. 3.668, de 22/11/2000)*

Art. 131. *Concedido o benefício, caberá:*

I – *ao Instituto Nacional do Seguro Social comunicar o fato ao órgão público emitente da certidão, para as anotações nos registros funcionais e/ou na segunda via da certidão de tempo de contribuição; e*

II – ao órgão público comunicar o fato ao Instituto Nacional do Seguro Social, para efetuar os registros cabíveis.

Art. 132. O tempo de contribuição na administração pública federal, estadual, do Distrito Federal ou municipal de que trata este Capítulo será considerado para efeito do percentual de acréscimo previsto no inciso III do art. 39.

Art. 133. O tempo de contribuição certificado na forma deste Capítulo produz, no Instituto Nacional do Seguro Social e nos órgãos ou autarquias federais, estaduais, do Distrito Federal ou municipais, todos os efeitos previstos na respectiva legislação pertinente.

Art. 134. As aposentadorias e demais benefícios resultantes da contagem de tempo de contribuição na forma deste Capítulo serão concedidos e pagos pelo regime a que o interessado pertencer ao requerê-los e o seu valor será calculado na forma da legislação pertinente.

DISPENSA DE CARÊNCIA

Existem algumas situações em que a Previdência Social dispensa a carência para a concessão de alguns benefícios.

Lei n. 8.213, de 24.07.1991

....

Art. 26. Independe de carência a concessão das seguintes prestações:

I – pensão por morte, auxílio-reclusão, salário-família e auxílio-acidente; (Redação dada pela Lei n. 9.876, de 26/11/99)

II – auxílio-doença e aposentadoria por invalidez nos casos de acidente de qualquer natureza ou causa e de doença profissional ou do trabalho, bem como nos casos de segurado que, após filiar-se ao Regime Geral de Previdência Social, for acometido de alguma das doenças e afecções especificadas em lista elaborada pelos Ministérios da Saúde e do Trabalho e da Previdência Social a cada três anos, de acordo com os critérios de estigma, deformação, mutilação, deficiência, ou outro fator que lhe confira especificidade e gravidade que mereçam tratamento particularizado;

Os Ministros da Previdência e Assistência Social e da Saúde elaboraram e publicaram, mediante a Portaria Interministerial n. 2.998, de 23/08/2001, a lista de doenças ou afecções que excluem a exigência de carência para a concessão de auxílio-doença e aposentadoria por invalidez, conforme segue:

"Art. 1º As doenças ou afecções abaixo indicadas excluem exigência de carência para a concessão de auxílio-doença ou de aposentadoria por invalidez aos segurados do Regime Geral de Previdência Social – RGPS:

I – tuberculose ativa;

II – hanseníase;

III – alienação mental;

IV – neoplasia maligna;

V – cegueira;

VI – paralisia irreversível e incapacitante;

VII – cardiopatia grave;

VIII – doença de Parkinson;

IX – espondiloartrose anquilosante;

X – nefropatia grave;

XI – estado avançado da doença de Paget (osteíte deformante);

XII – síndrome da deficiência imunológica adquirida – Aids;

XIII – contaminação por radiação, com base em conclusão da medicina especializada;

XIV – hepatopatia grave."

14ª Parte
Contagem e conversão

CONTAGEM DE TEMPO DE SERVIÇO

O tempo de serviço para fins de aquisição de benefícios é contado dia a dia, considerando-se, inclusive, o dia do afastamento do trabalho ou o dia do requerimento.

Basta subtrair a data INÍCIO da data FIM. Se a demissão não for o dia 31, acrescenta-se mais 1 (um) dia ao cálculo final.

Exemplo de contagem de tempo (na calculadora, a conta é feita de forma direta):

O formato utilizado é o seguinte: AAAAMMDD (data FIM)
                                  - AAAAMMDD (data INÍCIO)
                                  _____
                                  RESULTADO

Sendo, AAAA (ano com 4 dígitos), MM (mês com 2 dígitos) e DD (dia com 2 dígitos).

No RESULTADO final, observe:

Se o campo DIA ficar maior que 30, subtrair 70;

Se o campo MÊS ficar maior que 12, subtrair 8800;

Se o campo MÊS ficar maior que 12 e o campo DIA ficar maior que 30, subtrair 8870.

Período 1: Início da atividade: 14.05.1982 – Fim da atividade: 30.10.1983.

    19831030 (data FIM)
  - 19820514 (data INÍCIO)
    _____
    10516
  +   1 (como o DIA fim é diferente de 31, somar + 1 dia – dia trabalhado)
    _____
    10517 = *Tempo Total: 01 ANO, 05 MESES e 17 DIAS.*

— 149 —

Período 2: Início da atividade: 25/05/1984 – Fim da atividade: 12.08.1989

   19890812 (data FIM)
- 19840525 (data INÍCIO)
   ―――――
     50287

-   70 (como o campo DIA foi maior que 30, subtrair 70)
―――――
50217

+   1 (como o DIA fim é diferente de 31, somar + 1 dia – dia trabalhado)
―――
50218 = *Tempo Total: 05 ANOS, 02 MESES e 18 DIAS.*

Período 3: Início da atividade: 06.08.1990 – Fim da atividade: 22.03.2001

   20010322 (data FIM)
- 19900806 (data INÍCIO)
   ―――――
    109516

- 8800 (como o campo MÊS foi maior que 12, subtrair 8800)
―――――
100716

+   1 (como o DIA fim é diferente de 31, somar + 1 dia – dia trabalhado)
―――――
100717 = *Tempo Total: 10 ANOS, 07 MESES e 17 DIAS.*

Período 4: Início da atividade: 19.10.2002 – Fim da atividade: 01.04.2011

   20110401 (data FIM)
- 20021019 (data INÍCIO)
   ―――――
    89382

- 8870 (como MÊS foi maior que 12 e DIA maior que 30, subtrair 8870)
―――――
80512

+   1 (como o DIA fim é diferente de 31, somar + 1 dia – dia trabalhado)
―――
80513 = *Tempo Total: 8 ANOS, 5 MESES e 13 DIAS.*

Tendo os resultados, basta somar todos os períodos, lembrando que somamos campo a campo, começando pelos DIAS, depois os MESES e por último os ANOS.

	Anos	Meses	Dias
Período 1 -	01	05	17
Período 2 -	05	02	18
Período 3 -	10	07	17
Período 4 -	08	05	13

```
Total Dias    -           |         |  65 (65 dias = 2 meses e sobram 5 Dias)
                          |   02    |
Total Meses -             |   21    |  (21 meses = 1 ano e sobram 9 Meses)
                          |         |
Total ANOS -    01        |         |
TOTAL      -   25 A.      | 09 M.   | 05 D.
```

A soma total dos 4 períodos é de 25 ANOS, 9 MESES e 5 DIAS.

CONVERSÃO DE TEMPO ESPECIAL PARA COMUM

Durante a vida profissional, um trabalhador pode alternar atividades consideradas seguras com algumas atividades consideradas perigosas, penosas ou insalubres, nem sempre por um período suficiente para lhe garantir uma Aposentadoria Especial.

Nessa hipótese, a lei lhe dá o direito a um acréscimo para aquele período considerado perigoso, penoso ou insalubre, que, dependendo do tipo de agressividade, poderá ser de mais 20%, 40%, 100% ou até 133%.

Podemos citar alguns exemplos:

1) Um segurado trabalhou por 3 anos e 6 meses em uma mina de subsolo. Como para quem trabalha nessa atividade, teria direito a Aposentadoria Especial aos 15 anos de trabalho, convertendo em tempo comum equivalente a 35 anos (se homem), teríamos: 35 ÷ 15 = 2,33 ou seja, um acréscimo de 133% (cento e trinta e três por cento). Portanto os 3 anos e 6 meses de trabalho na mina de subsolo, convertidos para tempo comum, se transformariam em 8 anos, 1 mês e 20 dias.

2) Um segurado trabalhou executando uma atividade que garantiria a Aposentadoria Especial aos 25 anos de trabalho, mas ao converter em tempo comum equivalente a 35 anos (se homem), teríamos: 35 ÷ 25 = 1,40 ou seja, um acréscimo de 40% (quarenta por cento) ou em tempo equivalente a 30 anos (se mulher), teríamos: 30 ÷ 25 = 1,20, ou seja, um acréscimo de 20% (vinte por cento).

Decreto n. 3.048, de 06.05.1999

....

Art. 159. O tempo de trabalho exercido sob condições especiais que foram, sejam ou venham a ser consideradas prejudiciais à saúde ou à integridade física, conforme a legislação vigente à época, será somado, após a respectiva conversão, ao tempo de trabalho exercido em atividade comum, independentemente de a data do requerimento do benefício ou da prestação do serviço ser posterior a 28 de maio de 1998, aplicando-se a seguinte tabela de conversão, para efeito de concessão de qualquer benefício:

Tempo a ser Convertido	Para 15	Para 20	Para 25	Para 30	Para 35
De 15 ANOS	---	1,33	1,67	2,00	2,33
De 20 ANOS	0,75	---	1,25	1,50	1,75
De 25 ANOS	0,60	0,80	---	1,20	1,40

Art. 160. Para o segurado que houver exercido sucessivamente duas ou mais atividades sujeitas a condições especiais prejudiciais à saúde ou à integridade física, sem completar em qualquer delas o prazo mínimo exigido para a aposentadoria especial, os respectivos períodos serão somados após a conversão, considerando para esse fim a atividade preponderante, cabendo, dessa forma, a concessão da aposentadoria especial com o tempo exigido para a atividade não convertida.

Art. 161. Quando da concessão de benefício, exceto aposentadoria especial, para segurado que exerce somente atividade com efetiva exposição a agentes nocivos químicos, físicos, biológicos ou associação de agentes que sejam prejudiciais à saúde ou à integridade física, durante todo o período de filiação à Previdência Social e que, para complementação do tempo de serviço necessário, apresente apenas o tempo de serviço militar, mandato eletivo, aprendizado profissional, tempo de atividade rural, contribuinte em dobro ou facultativo, período de certidão de tempo de serviço público (contagem recíproca), benefício por incapacidade previdenciário (intercalado), cabe a conversão do tempo especial em comum, em virtude de estar caracterizada a alternância do exercício de atividade comum e em condições especiais.

Antes de se converter, devemos verificar se o *Agente Agressivo* consta das relações do Anexo III (Decreto n. 53.831/64), ou dos Anexos I ou II (Decreto n. 83.080/79) ou do Anexo IV (Decreto n. 3.048/99).

Devemos então verificar qual o acréscimo a ser feito, de acordo com a tabela de conversão acima descrita.

Para a conversão, devemos transformar todo o tempo apurado de ANOS, MESES E DIAS em somente DIAS. Multiplicamos então o valor de DIAS pelo percentual de conversão. Com o resultado já acrescido do percentual em DIAS, transformaremos de volta em ANOS, MESES e DIAS. Utiliza-se o ANO com 360 dias e MÊS com 30 dias.

Exemplo 1:

Item 1.0.8 do Anexo IV (Decreto n. 3.048/99) – Chumbo e seus compostos tóxicos.

Tempo para Aposentadoria Especial – 25 anos.

Se homem, multiplicar por 1,40 (40%), se mulher, multiplicar por 1,20 (20%).

Se segurado **HOMEM** com **7 ANOS, 5 MESES e 28 DIAS**.

Temos que converter tudo em DIAS.

7 (ANOS) x 360 =   2.520 DIAS
5 (MESES) x 30 = + 150 DIAS
                  + 28 DIAS

                  2.698 DIAS

2.698 x 1,40 = **3.777 DIAS** (já convertido)

Depois procedemos à transformação deste tempo em DIAS em ANOS, MESES e DIAS.

3.777 ÷ 360 (para achar os ANOS) = **10**,... (precisamos achar a sobra)
10 x 360 = 3.600, então: 3.777 − 3.600 = 177

177 ÷ 30 (para achar os MESES) = **5**,... (precisamos achar a sobra)
5 x 30 = 150, então: 177 − 150 = **27**

Tempo Especial: 7 anos, 5 meses e 28 dias
Tempo Convertido: 10 anos, 5 meses e 27 dias.

Se segurada **MULHER** com **7 ANOS, 5 MESES e 28 DIAS**.

Temos que converter tudo em DIAS.

7 (ANOS)   x 360 = 2.520 DIAS
5 (MESES) x 30 = + 150 DIAS
                   + 28 DIAS
                   ─────────
                   2.698 DIAS

2.698 x 1,20 = **3.237 DIAS** (já convertido)

Depois procedemos à transformação deste tempo em DIAS em ANOS, MESES e DIAS.

3.237 ÷ 360 (para achar os ANOS) = **8**,... (precisamos achar a sobra)
8 x 360 = 2.880, então: 3.237 − 2.880 = 357

357 ÷ 30 (para achar os MESES) = **11**,... (precisamos achar a sobra)
11 x 30 = 330, então: 357 − 330 = **27**

Tempo Especial: 7 anos, 5 meses e 28 dias
Tempo Convertido: 8 anos, 11 meses e 27 dias.

Quando falamos em tempo convertido, este procedimento não poderá ser utilizado para períodos posteriores a 16.12.1998.

Emenda Constitucional n. 20, de 15.12.1998

....

Art. 1º *A Constituição Federal passa a vigorar com as seguintes alterações:*

....

§ 10. *A lei não poderá estabelecer qualquer forma de contagem de tempo de contribuição fictício.*

15ª PARTE

Informações complementares

PENSÃO DAS VÍTIMAS DA TALIDOMIDA (B-56)

Lei n. 7.070, de 20.12.1982

Decreto n. 3.048, de 06.05.1999

Lei n. 12.190, de 13.01.2010

Os deficientes portadores da "Síndrome da Talidomida" nascidos a partir de 1º de janeiro de 1957 (data do início da comercialização da droga no Brasil) fazem jus ao recebimento de Pensão Especial (mensal, vitalícia e intransferível). Este benefício criado por meio da Lei n. 7.070, de 20/12/1982, será devido sempre que ficar constatado que a deformidade física foi consequência do uso da Talidomida, independentemente da época de sua utilização (a droga foi comercializada aqui com nomes fantasia de Sedin, Sedalis e Slip). A data do início da pensão especial será fixada na Data de Entrada do Requerimento – DER.

De acordo com a Associação Brasileira dos Portadores da Síndrome da Talidomida (ABPST), ou Amida Naftálica do Ácido Glutâmico, a "talidomida" é um medicamento desenvolvido na Alemanha, em 1954, inicialmente como sedativo, mas descobriram-se, a partir de sua comercialização em 1957, milhares de casos de Focomelia, síndrome caracterizada pela aproximação ou encurtamento dos membros junto ao tronco do feto, tornando-os semelhantes aos de uma foca, em razão de ultrapassar a barreira placentária e interferir na sua formação. Utilizado durante a gravidez também pode provocar graves defeitos visuais, auditivos, da coluna vertebral e, em casos mais raros, do tubo digestivo e problemas cardíacos.

A ingestão de um único comprimido nos três primeiros meses de gestação ocasiona a Focomelia, efeito descoberto em 1961, o que provocou a retirada imediata do remédio do mercado mundial.

A Renda Mensal Inicial – RMI será calculada mediante a multiplicação do:

a) número total de pontos indicadores da natureza e do grau de dependência resultante da deformidade física, constante do processo de concessão;

b) pelo valor fixado em Portaria Ministerial que trata dos reajustamentos dos benefícios pagos pela Previdência Social.

Sempre que houver reajustamento, o Sistema Único de Benefícios – SUB, multiplicará o valor constante em Portaria Ministerial pelo número total de pontos de cada benefício, obtendo-se a renda mensal atualizada.

Os pontos são definidos pela incapacidade para o trabalho, para a deambulação (passeio), para a higiene pessoal e para a própria alimentação, atribuindo-se a cada uma 1 (um) ou 2 (dois) pontos, respectivamente, conforme seja o seu grau parcial ou total.

O beneficiário da Pensão Especial Vitalícia da Síndrome da Talidomida, maior de 35 (trinta e cinco) anos, que necessite de assistência permanente de outra pessoa e que tenha recebido a pontuação superior ou igual a 6 (seis) pontos, fará jus a um adicional de 25% (vinte e cinco por cento) sobre o valor desse benefício.

Terá direito também a mais um adicional de 35% (trinta e cinco por cento) sobre o valor do benefício, desde que comprove pelo menos:

a) 25 (vinte e cinco) anos, se homem, e 20 (vinte) anos, se mulher, de contribuição para a Previdência Social, independente do regime;

b) 55 (cinquenta e cinco) anos de idade, se homem ou 50 (cinquenta) anos de idade, se mulher, e contar pelo menos 15 (quinze) anos de contribuição para a Previdência, independente do regime.

Essa Pensão Especial destina-se exclusivamente aos deficientes físicos portadores da Síndrome da Talidomida, é vitalícia e intransferível e não gera pensão para qualquer dependente nem resíduo de pagamento para familiares.

É vedada a acumulação da Pensão Especial da Vítima da Talidomida com qualquer rendimento ou indenização por danos físicos, inclusive os benefícios assistenciais da Lei Orgânica da Assistência Social – LOAS, porém pode ser acumulável com outro benefício do Regime Geral da Previdência Social – RGPS ao qual, no futuro, o portador da Síndrome possa se filiar, ainda que a pontuação referente ao quesito trabalho seja igual a 2 (dois) pontos totais.

Não é acumulável também com rendimentos ou indenizações que, a qualquer título, venham a ser pagos pela União a seus beneficiários, salvo a indenização por dano moral concedida por lei específica.

A Pensão Especial da Talidomida é de natureza indenizatória, não prejudicando eventuais benefícios de natureza previdenciária, e não podendo ser reduzida em razão de eventual aquisição de capacidade laborativa ou de redução de incapacidade para o trabalho, ocorridas após a sua concessão.

A documentação necessária para deferimento do benefício é:

a) fotografias, preferencialmente em fundo escuro, tamanho 12 x 9 cm, em traje de banho, com os braços separados e afastados do corpo, sendo uma de frente, uma de costas e outra(s) detalhando o(s) membro(s) afetado(s);

b) certidão de nascimento;

c) prova de identidade do pleiteante ou de seu representante legal;

d) quando possível, eventuais outros subsídios que comprovem o uso da Talidomida pela mãe do pleiteante, tais como:

    d.1) receituários relacionados com o medicamento;

    d.2) relatório médico;

    d.3) atestado médico de entidades relacionadas à patologia.

O processo original, com todas as peças, após a formalização, será analisado pela Perícia Médica do INSS da Agência da Previdência Social – APS, mais próxima da residência do interessado.

O beneficiário da Pensão Especial Vitalícia da Síndrome da Talidomida (Espécie 56) não faz jus ao recebimento do abono anual (Art. 120 do Decreto n. 3.048/99).

BENEFÍCIOS DA PREVIDÊNCIA SOCIAL

Espécie	Título
B-01	Pensão por Morte Trabalhador Rural
B-02	Pensão por Acidente de Trabalho Rural
B-03	Pensão por Morte Empregador Rural
B-04	Aposentadoria por Invalidez de Trabalhador Rural
B-05	Aposentadoria Invalidez em Acidente de Trabalhador Rural
B-06	Aposentadoria Invalidez Empregador Rural
B-07	Aposentadoria Idade Trabalhador Rural
B-08	Aposentadoria Idade Empregador Rural
B-09**	Complemento Acidente p/.Trabalhador Rural
B-10	Auxílio-Doença Acidente Trabalho Rural
B-11	Amparo Previdenciário. Invalidez Trabalhador Rural
B-12	Amparo Previdenciário Idade Trabalhador Rural
b-13	Auxílio Doença do Trabalhador Rural
B-15	Auxílio-Reclusão Trabalhador Rural
B-19*	Pensão ao Estudante

B-20****	Pensão por Morte de Diplomata
B-21	Pensão por Morte Urbana
B-22****	Pensão por Morte de Servidor Estatutário
B-23	Pensão do Ex-Combatente
B-24***	Pensão do Cassado
B-25	Auxílio-Reclusão
B-26*	Pensão do ex-ferroviário – Lei 3.738/60
B-27*	Pensão Servidor Público c/dupla Aposentadoria
B-28	Pensão Marítimo de Regime Especial
B-29	Pensão de Prático de Porto
B.30	Renda Mensal Vitalícia / Inválidos
B-31	Auxílio-Doença Urbano
B-32	Aposentadoria por Invalidez
B-33	Aposentadoria por Invalidez do Aeronauta
B-34	Aposentadoria por Invalidez do Ex-Combatente
B-37	Aposentadoria CAPIN (Caixa Aposent. Imprensa Nacional)
B-38	Aposentadoria do Extranumerário da União
B.40	Renda Mensal Vitalícia maiores 70 anos
B-41	Aposentadoria por Velhice
B-42	Aposentadoria por Tempo de Serviço (de Contribuição)
B-43	Aposentadoria do Ex-Combatente
B-44*	Aposentadoria do Aeronauta
B-45*	Aposentadoria do Jornalista Profissional
B-46	Aposentadoria Especial
B-47*	Abono de Permanência em Serviço (25%)
B.48*	Abono de Permanência em Serviço (20%)
B-49*	Aposentadoria Ordinária
B-50	Auxílio-Doença (plano básico)
B-51*	Invalidez do Plano Básico
B-52	Velhice do Plano Básico
B-53	Auxílio-Reclusão (Plano básico)
B-55	Pensão (Plano Básico)
B-56	Pensão Vitalício p/ Vítimas da Talidomida (Lei 7.070/82)
B-57	Aposentadoria Tempo de Serviço do Professor
B-58	Aposentadoria do Anistiado
B-59	Pensão do Anistiado

B-61***	Auxílio-Natalidade
B-62***	Auxílio-Funeral
B-63***	Auxílio-Funeral Trabalhador . Rural
B-64***	Auxílio-Funeral Empregador Rural
B-65****	Pecúlio por Morte do Servidor Estatutário
B-68***	Pecúlio Especial para Aposentados
B-71	Salário Família Previdenciário
B-72	Aposentadoria Tempo de Serviço Ex-Combatente Marítimo
B-73****	Salário Família Estatutário
B-76****	Salário Família Estatutário Vitalício
B-77****	Salário Família Estatutário Filha Maior
B-78	Aposentadoria por Velhice do Ex-Combatente
B-79***	Vantagem Especial do Ex-Combatente
B-80	Salário Maternidade
B-81	Aposentadoria Compulsória Ex-SASSE
B-82	Aposentadoria Tempo de Serviço Ex-SASSE
B-83	Aposentadoria por Invalidez – ex-SASSE
B-84	Pensão ex-SASSE
B-86	Pensão aos dependentes de seringueiro (Lei 8.986/89)
B-87	Benefício Assistencial ao Deficiente
B.88	Benefício Assistencial ao Idoso
B-91	Auxílio-Doença Acidentária
B-92	Aposentadoria Invalidez Acidentária
B-93	Pensão por Morte Acidentária
B-94	Auxílio-Acidente
B-95***	Auxílio-Suplementar
	* não é mais concedido - só manutenção
	** não é mais concedido
	*** extinto
	**** repassado ao Ministério de origem

FINALIDADE DA PREVIDÊNCIA SOCIAL

Lei n. 8.213, de 24.07.1991

Art. 1º A Previdência Social, mediante <u>contribuição</u>, tem por fim assegurar aos seus beneficiários meios indispensáveis de manutenção, por motivo de incapacidade, desemprego involuntário, idade avançada, tempo de serviço, encargos familiares e prisão ou morte daqueles de quem dependiam economicamente.

O art. 201 da <u>Constituição Federal</u>, na redação dada pelo art. 1º da <u>Emenda Constitucional n. 20, de15/12/1998</u>, dá nova forma à organização da previdência social, como segue:

"Art. 201 A previdência social será organizada sob forma de regime geral, de caráter contributivo e de filiação obrigatória, observados critérios que preservem o equilíbrio financeiro e atuarial, e atenderá, nos termos da lei, a:

I – cobertura dos eventos de doença, invalidez, morte e idade avançada;

II – proteção à maternidade, especialmente à gestante;

III – proteção ao trabalhador em situação de desemprego involuntário;

IV – salário-família e auxílio-reclusão para os dependentes dos segurados de baixa renda;

V – pensão por morte do segurado, homem ou mulher, ao cônjuge ou companheiro e dependentes, observado o disposto no § 2º."

Art. 2º A Previdência Social rege-se pelos seguintes princípios e objetivos:

I – universalidade de participação nos planos previdenciários;

II – uniformidade e equivalência dos benefícios e serviços às populações urbanas e rurais;

III – seletividade e distributividade na prestação dos benefícios;

IV – cálculo dos benefícios considerando-se os salários de contribuição corrigidos monetariamente;

V – irredutibilidade do valor dos benefícios de forma a preservar-lhes o poder aquisitivo;

VI – valor da renda mensal dos benefícios substitutos do salário de contribuição ou do rendimento do trabalho do segurado não inferior ao do salário mínimo;

VII ....

VIII – caráter democrático e descentralizado da gestão administrativa, com a participação do governo e da comunidade, em especial de trabalhadores em atividade, empregadores e aposentados.